Entre Livros

Entre Livros

João Alexandre Barbosa

Prefácio

Manuel da Costa Pinto

Ateliê Editorial

ISBN 85-85851-71-6

Editor: Plinio Martins Filho

Direitos resevados à
ATELIÊ EDITORIAL
Rua Manoel Pereira Leite, 15
06700-000 – Cotia – SP
Telefax: (011) 7922-9666
1999

Sumário

PREFÁCIO

Existe um traço que é peculiar ao conjunto dos ensaios de João Alexandre Barbosa: a recusa de pacificar a si mesmo e ao leitor com sentidos cristalizados; a rejeição de uma escrita teórica que consolide, no termo final de suas análises, uma cadeia *necessária* de correspondências poéticas. Bem entendido, nenhuma vertente da teoria literária que se queira produtiva almeja "esgotar" o sentido de uma obra. Mesmo assim, tanto os críticos de feição formalista quanto aqueles que recorrem à fenomenologia ou à dialética texto-contexto preservam intacto um método em meio aos acidentes e errâncias de seu ofício. No caso de João Alexandre, porém, não podemos falar de um método. Ou talvez seja o caso de dizermos que ele adota o movimento não-metódico da *releitura*.

Com isso, gostaria de salientar aquilo que torna fascinante a leitura dos ensaios reunidos neste *Entre Livros*: uma escrita cujos achados e iluminações surgem não da comprovação de uma hipótese conceitual, mas da decantação de diversas camadas de leituras, da freqüentação ininterrupta de autores que, a cada livro reaberto, se oferecem à descoberta de novos sentidos e de imagens que esperavam pelo olhar generoso que as fizesse surgir do silêncio das entrelinhas.

É claro que existe uma grande dose de obsessão pessoal nestas recorrências – e o leitor poderá comprová-lo facilmente se, durante a leitura de *Entre Livros*, mantiver à mão outros livros do autor. Assim, João Cabral de Melo Neto, por exemplo, aparece aqui no ensaio "Sevilha, Objeto de Paixão", sendo desnecessário lembrar que o poeta encontrou em João Alexandre seu leitor ideal, seja no livro *A Imitação da Forma*, seja nos ensaios que aparecem em outras coletâneas, como "Balanço de João Cabral" (em *As Ilusões da Modernidade*), "Linguagem & Metalinguagem em João Cabral" (em *A Metáfora Crítica*) e "João

Cabral ou a Educação pela Poesia" (em *A Biblioteca Imaginária*).

De modo semelhante, reaparece em *Entre Livros* sua preocupação com a "construção de um modelo brasileiro de pensamento crítico", presente no ensaio "Duas Vertentes de José Veríssimo", ecoando as reflexões de outros ensaios, como "A Paixão Crítica", editado na antologia *A Leitura do Intervalo*, e o texto que dá título a seu livro anterior, "A Biblioteca Imaginária" (sobre a construção de um cânone literário brasileiro por autores como Sílvio Romero, Antonio Candido e o próprio José Veríssimo, entre outros).

Outro autor de eleição, Paul Valéry, surge aqui em dois ensaios: o primeiro deles, "Permanência e Continuidade de Paul Valéry", foi publicado anteriormente como introdução da coletânea *Variedades* (organizada pelo próprio João Alexandre para a editora Iluminuras); o segundo, "Paul Valéry e a Tradução de Monsieur Teste", é um posfácio à edição brasileira da obra do escritor francês.

E o exemplo de Valéry é fundamental para entendermos a importância do dispositivo da releitura no percurso crítico de João Alexandre. Pois se essa fidelidade sempre reiterada ao poeta de "A Jovem Parca" – tema de diversos outros ensaios, entre eles "Valéry:

Leitura Viva do Cemitério" (em *As Ilusões da Modernidade*) ou "Paul Valéry e a Comédia Intelectual" e "Variações sobre Eupalinos" (ambos em *A Biblioteca Imaginária*) – se essa fidelidade se deve em grande parte às obsessões pessoais citadas anteriormente, um leitor sensível não deixará de perceber que, a partir de Valéry, João Alexandre arma seu próprio domínio de leitura do discurso literário.

Ao comentar a diversidade de formas e sentidos do *Cycle Teste*, ao comentar as flutuações desse herói intelectual, personagem absorta e quase impalpável imersa no mundo da especulação sobre as leis do espírito, João Alexandre afirma que, ali, "todos os textos apontam para aquela obsessão com o *não acabar* de uma linguagem cujo alvo é antes a intensidade especulativa do que o resultado tranqüilo de uma *obra*". Curiosamente, nenhuma imagem definiria melhor a sua própria marca ensaística.

Pois, da leitura de Valéry, do convívio voluntário com um autor que convida constantemente a detectar as correspondências cifradas de sua escrita fragmentária, o crítico extrai aquilo que organiza sua maneira de compreender a literatura: um exercício de formalização que, ao estabelecer um *intervalo* entre a experiência concreta e sua tradução pelos signos literários, cria uma tensão permanente entre o ficcional e o real, tensão que não se resolve, *não acaba* nos limites circunscritos de uma *obra* – fazendo de cada leitura da superfície do poético uma releitura amplificadora dos estratos de significação da linguagem em geral e dos sentido da obra literária em particular.

Deixando de lado o que isso representa dentro da fortuna crítica de Valéry (para tanto, somente os ensaios de João Alexandre serão satisfatórios), chamo a atenção para a importância dessa intuição, que agrega ao ato da leitura um peso exegético que nenhum crítico até agora enfatizou de maneira tão eloqüente. Para João Alexandre, cada escritor marca sua rede simbólica com signos que, ao mesmo tempo em que denotam uma forma particular de representar sua realidade (empírica e imaginária), vão criando um espaço ficcional que só pode ser apreendido integralmente quando, após percorrer a trama de uma história ou os versos de um poema, voltamos ao início da obra para recapitular aquilo que consubstancia seus ícones poéticos e determina sua inserção dentro de uma determinada tradição literária.

No caso do *Monsieur Teste*, a releitura permitirá ver como a frase inicial da personagem (*A tolice não é meu forte*) reverbera as críticas de Flaubert a um conhecimento mimético da realidade (como em *Bouvard e Pécuchet*) e faz da estrutura "inacabada" do livro uma seqüência de indagações que, num plano *sincrônico*, iluminam o caráter abstrato da personagem e, num plano *diacrônico*, conectam Valéry à linhagem de Poe – e de outros "poetas do conhecimento" como Lucrécio, Dante Alighieri ou mesmo Italo Calvino, conforme lemos no ensaio "Permanência e Continuidade de Paul Valéry".

Mas o melhor exemplo do rendimento teórico das releituras de João Alexandre Barbosa talvez esteja em "Duas Introduções a José de Alencar" – especialmente na seção dedicada a *O Guarani*. Nesse magnífico ensaio, ele mostra como as classificações didáticas, que apresentam Alencar como escritor regionalista, põem a perder sua "fabulosa capacidade fabuladora". Pois se, do ponto de vista etnográfico, mimético, Alencar pode parecer "inverossímil", a releitura dos índices poéticos semeados na obra revelam um escritor cuja "imaginação funciona como elemento controlador e organizador" – algo só perceptível no intervalo que se estabelece entre a representação americanista de *O Guarani* e a consciência literária que faz do romance um mito da fundação do romance brasileiro, da conquista de um espaço ficcional:

A lenda do Tamandaré – o Noé indígena, como nota Alencar – contada por Peri a Cecília no "Epílogo", às vésperas da explosão final das águas do Paraíba, pode ser lida como uma espécie de referência intertextual: a fecundação posterior da terra pelo indígena da lenda, salvo "no olho de uma palmeira", corre paralela àquela realizada pelo próprio romance de Alencar, fundando uma tradição.

Romance de fundação, o brasileirismo, ou indigenismo, de que se acha imbuído, é apenas uma parte de sistema mais rico de significações.

É claro, veja-se bem, que, num primeiro nível, a fusão de Peri e Cecília pelas águas tormentosas do Paraíba implica a reunião de raças procriadoras da nacionalidade, como pedia a etnologia romântica perfilhada por Alencar; num outro, todavia, a utilização da lenda vem apontar para aquela introdução do elemento mítico no erudito (o romance romântico de José de Alencar), impondo-lhe um traço, por assim dizer, de simbolização também literária. Não é só da fundação da nacionalidade que trata o romance, mas de sua própria fundação enquanto gênero literário no Brasil.

A prática e a noção da releitura, portanto, permitem a João Alexandre ativar os "centros de estruturação" das obras que analisa, adicionando à poética, aos intervalos entre ficção e linguagem, um novo achado teórico: a dimensão do leitor que não apenas recebe a obra dentro de um contexto e que a ressemantiza (como na "estética da recepção"), mas que é convidado a retomar os signos já lidos e, tendo em mente a experiência completa da leitura, descobre que a totalidade de uma obra já estava anunciada nas sugestões antes difusas de seus ícones poéticos, que assim ganham função renovada e, por sua vez, redimensionam aquela totalidade e sua relação com outras obras lidas e relidas em suas camadas intertextuais – num movimento ininterrupto que nunca se cristaliza numa "obra".

Para João Alexandre, enfim, a releitura já está inscrita e pressuposta na estrutura poética de uma obra literária – e essa iluminação teórica seria por si só suficiente para justificar a leitura e a releitura de *Entre Livros*.

Entretanto, há um outro aspecto dessa antologia que deve ser ressaltado – e aqui não posso deixar de conferir um tom pessoal a esse "Prefácio". Refiro-me à experiência de João Alexandre Barbosa como editor da Edusp (Editora da Universidade de São Paulo), da qual participei entre os anos de 1991 e 1993.

O leitor poderá constatar que vários dos textos aqui reunidos foram publicados originalmente numa seção chamada justamente "Entre Livros", que abria o *Caderno de Leitura* – um jornal em formato tablóide que foi inteiramente concebido por João Alexandre e que eu, como jornalista, tive a oportunidade de editar. Trazendo resenhas, ensaios, matérias sobre livrarias, sebos e colecionadores de livros, notícias do mercado editorial e sobre seus mais recentes lançamentos, o *Caderno de Leitura* foi – mais do que a iniciativa de um leitor apaixonado – a expressão de uma certa forma de compreender a literatura como reverberação de sentidos que se projetam para além dos limites físicos do livro.

É preciso atentar para essa concorrência de fatores: um crítico literário que cria, a partir do zero, o projeto da mais importante editora universitária do país e que, consolidado seu catálogo e definidas suas diretrizes empresariais, idealiza um periódico que é um prolongamento da concepção intelectual e da confecção material do livro. São três etapas de um mesmo processo, que pode ser captado aqui na seção "Do Caderno de Leitura", em ensaios que falam de uma relação tátil com esse objeto de devoção ("Da Paixão pelo Livro"), que trazem as ansiedades de quem se perde num labirinto bibliográfico e tenta organizar suas leituras ao escrever sobre elas (caso de "Sob Livros"), ou ainda em ensaios que, de modo crítico porém generoso, reconhecem as virtudes e dificuldades das grandes empreitadas editoriais (como em "Uma Edição Crítica de Eça de Queirós" e "Uma Edição de Brito Broca").

Estes aspectos da presença intelectual de João Alexandre Barbosa – o crítico, o leitor, o editor – estão sintetizados na presente obra. Tive o privilégio de conhecê-las de perto, como aluno, como assessor (na Edusp) e no decorrer de uma amizade incondicional. Uma amizade "entre livros".

MANUEL DA COSTA PINTO

Nota (Muito) Pessoal

Não sei se o jovem leitor de hoje sabe quem foi Alfonso Reyes.

Se sabe, já matou a charada: o título deste livro é o mesmo, publicado em 1948, pelo famoso Colegio de México (e hoje fazendo parte de um dos vinte e seis volumes da *Obra Completa*, publicados pelo Fondo de Cultura Económica), do escritor e diplomata mexicano que, naqueles mesmos anos 40, esteve como embaixador no Brasil, onde se tornou amigo de escritores e pintores brasileiros (Bandeira, Cecília Meireles, Portinari e Ismael Néry, entre outros) e de onde editou uma revista de cultura que se publicava em sua cidade natal de Monterrey.

Pois, em 1948, como já se disse, reuniu num pequeno livro intitulado *Entre Libros*, algumas notas que fora tomando entre 1912 e 1913.

Não eram ensaios, estudos ou mesmo artigos: eram mais pequenas anotações, sobretudo de ordem filológica e histórica, que ia fazendo a par de suas incansáveis leituras.

Lidas hoje oferecem ao leitor, mas somente ao leitor interessado nesse jogo tenso entre o livro e a leitura que ocorre sempre que se abre um livro, um duplo interesse: pelas anotações em si e pelo que os pequenos textos dizem de seu autor como leitor. E, talvez, o seu maior interesse esteja precisamente em seu título enfatizar a posição do autor: não *sobre*, nem *sob*, mas *entre* livros.

Poder-se-ia até dizer, se o jovem leitor for do tipo que gosta de novas terminologias, que falar de *entre livros* é também fazer ecoar a idéia de que nenhum livro está só, nem é lido sem que se pense em outros livros, que vão sendo lidos ou relidos na medida mesma em que ocorre a leitura presente. Ou seja: situar-se *entre livros* é, ou pode ser, será, assumir uma postura intertextual. Mas não foi esta a minha intenção ao utilizar o título de Alfonso Reyes. É claro que a idéia principal foi mesmo marcar a posição de quem escreve entre livros e, por isso, o título me servia como uma luva. Mas, por outro lado, foi também o desejo de resgatar, por este livro, um trabalho realizado durante alguns anos na Editora da Universidade de São Paulo quando, como seu presidente, incentivei a publicação, sobretudo com quem assina o prefácio, Manuel da Costa Pinto Neto, de um suplemento bibliográfico, que se chamou *Caderno de Leitura Edusp*, em que publiquei todos os textos que estão na primeira parte do livro, sempre sob o título geral de *Entre Livros*. No primeiro deles, em que se tratava da própria criação do suplemento, já se dizia do uso da expressão de Alfonso Reyes. Era, ao mesmo tempo, um plágio declarado e uma homenagem ao grande leitor que foi Alfonso Reyes. O que não se disse explicitamente, e que agora vai dito, era que também significava um gesto de amizade para com uma cultura – a mexicana – representada por um escritor que tanta afeição teve pelo Brasil.

Recentemente, pude confirmar tudo isso: pelas mãos de meu amigo mexicano Jorge Ruedas de la Serna, visitei a casa em que viveu (e leu, e escreveu) D. Alfonso, hoje transformada no que chamam de Capilla

Alfonsina, uma espécie de biblioteca para pesquisadores e *memorabilia* do escritor, dirigida por sua neta.

É entrar na casa e sentir a presença do Brasil: pintores brasileiros nas paredes (dois notáveis Ismael Néry, por exemplo) e cartas manuscritas de poetas brasileiros nas estantes de vidro. E para completar, a informação da diretora de que a avó, sempre que podia, e para atender aos caprichos culinários famosos do avô, lhe preparava uma farofa brasileira, carioca, aprendida nos tempos em que morava nas Laranjeiras.

Deste modo, a escolha do título deste livro, que deve o seu aparecimento ao incentivo e à teimosia de outro companheiro da Edusp e hoje o editor do livro, o meu amigo Plinio Martins Filho, quer ser também mais um sinal de presença de Alfonso Reyes no Brasil. Entre livros.

I

Do Caderno de Leitura

1

Da Paixão Pelo Livro*

É uma história fascinante: o modo pelo qual, à medida que tornava mais complexa a sua maneira de ver o mundo e de se ver no mundo entre outros seres, o homem foi construindo maneiras de registrar aquelas visões.

Embora sejam muito diversas e apontem para uma extensa cronologia (desde, por exemplo, as representações pictóricas do período paleolítico até os contemporâneos recursos da computação), aquelas maneiras encontram um momento crucial na passagem entre o

* Texto publicado no *Caderno de Leitura Edusp*, n. 1, out. 1992.

registro manual, cujo desdobramento se fazia pela cópia, e a impressão, cuja reprodução era ampliada pela invenção dos tipos móveis.

A passagem, no entanto, foi bem mais complexa e envolveu mais do que a descoberta e a utilização de tipos móveis: significou essencialmente a articulação de três outros fatores, ou seja, o uso do papel, a escolha de tintas adequadas e a invenção de prensas mais adaptáveis ao uso específico.

No sucesso desta articulação, está a origem da imprensa, tal como ela passou a existir, até, pelo menos, os inícios do século XX. E está também o aparecimento daquilo que se passou a identificar como livro impresso, cuja origem, no século XV, e cuja enorme difusão nos três séculos seguintes, é instrumento decisivo na definição do homem moderno e assunto da importante obra escrita por Henri-Jean Martin, sob a inspiração de Lucien Febvre, que acaba de ser publicada, em co-edição, pela Unesp e Hucitec.

Na verdade, em sete capítulos, precedidos por uma introdução que trata do livro manuscrito, escrita por Marcel Thomas, trata-se de considerar o livro no momento de seu aparecimento (daí o título da obra: *O Aparecimento do Livro*), através da análise daqueles elementos técnicos e culturais que o possibilitaram, de suas maneiras de apresentação, de sua circulação como mercadoria, de sua difusão espacial e de sua importância para as novas conquistas culturais do Humanismo, da Renascença e da Reforma. Por outro lado, andaram bem os editores ao publicarem, como apresentação brasileira do livro, um texto do bibliófilo e bibliógrafo José Mindlin, em que se lê:

> Estou certo de que este livro interessará a todos os amantes do livro, e despertará novos interesses. Mais do que isso, entretanto, deverá provocar uma reflexão necessária e oportuna sobre a importância da preservação do livro em si, num momento em que estamos sendo ameaçados por uma simples "revolução" de certo modo comparável ao surgimento do livro impresso: a revolução da informática. Fala-se muito na substituição do livro pelas novas tecnologias de comunicação provocadas pela informática. De minha parte, espero que o efeito seja o contrário, e que a informática ajude a estimular o hábito da leitura, assegurando a permanência do prazer físico que o contato com o livro proporciona.

Não há dúvida: a importância cultural do livro é elemento intrinsecamente vinculado à presença do livro enquanto objeto que, como tal, traduz, para os sentidos, aquela importância. Mesmo porque, enquanto objeto, o livro emite sinais culturais que são decodificados pelos sentidos e que o instituem como obra de arte: tipologias, dimensões, equilíbrios, simetrias, cores, ilustrações etc. Por isso, é possível falar numa paixão pelo livro que inclui tanto o leitor comum quanto o bibliófilo, tanto o editor quanto o pesquisador obstinado.

Três livros que acabo de ler falam dessa paixão: as confissões de um bibliófilo e bibliógrafo, as memórias de uma editora e a correspondência e memórias de um editor.

O primeiro é Carlton Lake, cuja obra, *Confessions of a Literary Archaelogist* (New York, New Directions, 1990) conta, em onze capítulos profusamente ilustrados, as aventuras de um bibliófilo cujo interesse pela literatura francesa de fins do século XIX e inícios do XX passou do colecionismo individualista para a organização institucional: o resultado de suas buscas por manuscritos e primeiras edições constitui hoje o núcleo principal da famosa Ransom Collection do Humanities Research Center da University of Texas, Austin, de que ele é o curador executivo.

Narrando o encontro e discutindo as conseqüências, para os estudos acadêmicos, de manuscritos ou variantes pouco conhecidas de textos de Matisse, Ravel, Gertrude Stein, Cocteau, Valéry, Eluard, Baudelaire, Mallarmé, Rimbaud, Jarry, Satie, Céline, Marie Laurencin e outros, Lake vai revelando aspectos interessantes e, às vezes, inesperados, das atividades daqueles artistas. É o caso, para dar apenas um exemplo, da correspondência surpreendente de Paul Valéry, já sexagenário, com a jovem que se assinava Jean Voilier e a quem, em cartas apaixonadas, no período em que escrevia o *Mon Faust*, o poeta chamava de Héra.

O livro de Carlton Lake foi publicado pela New Directions, a editora criada e dirigida por James Laughlin. Ora, é de Laughlin a introdução para a outra obra que fala daquela "paixão pelo livro": a reedição das memórias de Sylvia Beach, intitulada *Shakespeare & Company* (Lincoln, University of Nebraska Press, 1991), nome da famosa livraria criada por *Miss* Beach, em Paris, em 1919, e que veio a ser a editora do *Ulisses*, de James Joyce.

Sylvia Beach foi uma norte-americana de New Jersey voluntariamente exilada na Europa. Editora de um único autor, o mencionado Joyce, Sylvia Beach fez de sua livraria da Rue de l'Odéon um centro da literatura dos anos 20 e 30. Seus feqüentadores chamavam-se Joyce, Pound, Gertrude Stein, Hemingway, Scott Fitzgerald, Sherwood Anderson, D. H. Lawrence, ou franceses como Valéry e Gide, e ela somente desapareceu, sob o tacão nazista, em 1941 (e é notável a última cena dessas memórias: *Miss* Beach sendo chamada por Hemingway de cima de um jipe, nos dias da libertação de Paris, aos gritos de "vamos libertar as adegas do Ritz").

Kurt Wolff foi um alemão forçado a exilar-se nos Estados Unidos. Um ano depois de chegar, fundou, em 1942, a famosa Pantheon Books, editora responsável pela publicação, em inglês, dc autores como Burckhardt, Stefan George, Péguy, H. Broch, Valéry, Hölderlin, Musil, Pasternak, Lampedusa, Günter Grass e outros. Mas, antes do exílio, a sua editora alemã, a famosa Kurt Wolff Verlag, havia publicado Kafka, Werfel, Kraus, Rilke, H. Mann, Thomas Mann, H. Hesse e outros. É dessa fecunda atividade que dá conta o livro *Kurt Wolff. A Portrait in Essays and Letters*, editado por Michael Ermarth (Chicago & London, The University of Chicago Press, 1991), reunindo pequenos textos do próprio Wolff sobre a profissão de editor, lembranças de autores por ele publicados e cartas trocadas com Rilke, H. Mann, T. Mann, H. Hesse, Pasternak e Günter Grass.

Como Sylvia Beach, Kurt Wolff faleceu nos anos 60 e, como ela, foi um apaixonado pelo livro: nem sequer a transferência penosa para a América o fez abandonar os projetos que o acompanhavam desde os primeiros anos do século (e é curioso notar, entre parênteses, que, em 1906, segundo informa o organizador da obra, esteve em São Paulo, Brasil, estagiando em banco alemão).

Desde o seu aparecimento, no século XV, o livro provoca tais paixões: esses são apenas três casos exemplares.

2

Pequenas Variações Sobre o Ensaio*

As antologias do gênero ensaio, de um modo geral, respondem ao gosto por uma espécie de discurso literário, cuja única regra essencial é precisamente não ter regras e, por isso, apontam para a multiplicidade do próprio gênero. É claro que existem distinções nas várias tradições ensaísticas: o ensaio no Brasil, por exemplo – como bem viu Alexandre Eulálio em ensaio por muito tempo na gaveta, depois publicado em revista de circulação restrita e agora, felizmente, nos

* Texto publicado no *Caderno de Leitura Edusp*, n. 2, nov.-dez. 1992.

Escritos dele, publicados pelas Editoras da Unicamp e da Unesp – se muito deve àquilo que Antônio Sérgio chamou de "prosa doutrinal" na antologia que fez do ensaio em Portugal (Lisboa, Portugália Editora, s.d.), registra também as influências do ensaio jornalístico de timbre mais francês do que português ou mesmo deixa entrever marcas do *familiar essay*, que foi a maneira muito inglesa, desde Bacon, de traduzir o movimento da prosa de Montaigne.

(Entre parênteses, talvez seja interessante indicar a grande ausência de uma antologia do ensaio brasileiro, embora existam já alguns trabalhos de preparação do terreno, como o já citado de Alexandre Eulálio, ou o texto de Astrogildo Pereira para o volume *Manual Bibliográfico de Estudos Brasileiros*, editado por Rubens Borba de Moraes e William Berrien e publicado, em 1949, no Rio de Janeiro, pela Gráfica Editora Souza.)

Por outro lado, e como decorrência daquilo mesmo que parece ser a essência do ensaio (e, em língua portuguesa, Sílvio Lima buscou apreender a sua significação no interessante *Ensaio sobre a Essência do Ensaio*), isto é, a ausência de objetos fixos ou obsessões de certeza que se oporiam à própria definição do gênero, a escolha de um elenco de ensaios antológicos é dificuldade que não se pode desprezar em qualquer tradição.

Creio ser exemplar o caso da referida antologia de Antônio Sérgio: a sua escolha vai desde o Dom Duarte, do *Leal Conselheiro*, até o Sampaio Bruno, de *A Idéia de Deus*, mas é uma seleção estrita onde cabem apenas mais quinze autores, entre eles os "antigos" Fernão Lopes, Vieira, Verney, José Agostinho de Macedo e os "modernos" Garrett, Herculano, Antero de Quental, Oliveira Martins, Eça de Queirós e Moniz Barreto. Isto significa que a maior variedade é de assuntos e modos de tratar os assuntos do que de autores, e se Eça de Queirós comparece é com um ensaio que, entre a ficção e a "prosa doutrinal" (na verdade, trata-se de uma defesa da simplicidade na Arte), possui aquela gratuidade de movimento que, deflagrando o texto em seu início, arma o ritmo para o final – puro arabesco de prosa. É esta gratuidade, ou informalidade, como preferem outros, que responde pela perenidade do ensaio.

> Por sua informalidade, o ensaio é um gênero para escritores maduros. [...] Com digressões, com trivialidades ocasionais e caprichos, somente um mestre forjará a obra de arte. [...] Um dia, sentimos que não há outra esperança nas letras que o dossiê naturalista, ou a comédia de enre-

do, ou o sadismo, ou o adultério, ou os sonhos, ou a viagem alegórica, ou a novela pastoril, ou o argumento social, ou os enigmas policiais, ou a picaresca; outro dia, nos perguntamos como pôde alguém interessar-se em tão desoladas loucuras. No meio desta mudança, historicamente justificável mas essencialmente arbitrária, existem alguns gêneros perpétuos. Porque não depende de formas e porque se parece ao fluir normal do pensamento, o ensaio é, talvez, um deles.

As frases são de Adolfo Bioy Casares, na introdução que escreveu para o volume de *Ensaístas Ingleses* da Coleção Clássicos Jackson, irmão em espanhol do volume prefaciado, no Brasil, por Lúcia Miguel-Pereira, e depois recolhidas no livro *La Otra Aventura* (Buenos Aires, Editorial Galena, 1968).

No prefácio que escreveu para *The Oxford Book of Essays* (Oxford/New York, Oxford University Press, 1991), John Gross refere a antologia *British Essayists*, de Chalmers, editada em 1908, e que compreende quarenta e cinco volumes – certamente o antípoda do volume *The English Essay*, editado por A. J. Merson (London, George G. Harrap, 1939) que inclui apenas oito ensaístas: Bacon, Steele, Addison, Goldsmith, Lamb, Hazlitt, Hunt e Stevenson.

A seleção de John Gross, que acabo de ler, é muito mais generosa: as suas seiscentas e oitenta páginas vão desde o indefectível Francis Bacon até norte-americanos recentes como John Updike ou Joan Didion, ou mesmo V. S. Naipaul, de Trinidad, que comparece com um imaginoso ensaio em que são comparadas as aventuras de Colombo e a ficção do Robinson Crusoé.

Por outro lado, há dois traços salientes na seleção de Gross: em primeiro lugar, a antologia mostra como, na tradição de língua inglesa (como na nossa, aliás), os ensaístas nem sempre foram escritores de profissão, e é o caso de lorde Chesterfield, Benjamin Franklin, T. H. Huxley, William James, Walter Bagehot (este, mestre de teoria política do nosso Joaquim Nabuco) ou Winston Churchill, por exemplo; em segundo lugar, os ensaios escolhidos de romancistas, poetas ou críticos nem sempre são aqueles conhecidos pelo leitor como capazes de identificar as suas atividades, e é o caso de "Insouciance", de D. H. Lawrence, de "Marie Lloyd", de T. S. Eliot, de "Adams at Ease", de Lionel Trilling, ou mesmo "The Savage Seventh", de Philip Larkin.

Deste modo, a "nota pessoal" que Bacon referia como essencial ao ensaio é, por assim dizer, mimetizada pelo próprio organizador da antologia, deixando ao leitor a possibilidade de exercer também a sua pela lembrança de autores (e sobretudo de ensaios) que aí não comparecem.

De qualquer modo, arranjados em ordem cronológica por data de nascimento, desde Francis Bacon, de 1561, a Clive James, de 1939, são mais de cento e vinte ensaístas que formam o lastro daquela que talvez seja a mais persistente e interessante tradição da língua inglesa. Desde a "prosa doutrinal" de um Steele ou um Addison até as variações inteligentes e sibilinas de um Aldous Huxley, em "Meditation on the Moon", ou a intrigante complexidade metafórica de Robert Warshow, em "The Gangster as Tragic Hero".

Linhas atrás afirmei que acabo de ler o livro editado por John Gross. Faço uma correção: não se termina de ler um livro como este. Como o próprio gênero que ele encerra, a leitura dele é sempre uma releitura, vagarosa e vagabunda como, aliás, queria Montaigne.

3

SOB LIVROS*

Nem sempre é amena a existência entre livros. Às vezes, sobretudo em períodos de maior disponibilidade, as dificuldades podem ser enormes. Assim, por exemplo, a leitura simultânea de obras diferentes, ou mesmo a leitura sucessiva e completa de cada obra, puxando idéias, forçando relações, tudo isso torna difícil o encontro de um núcleo de reflexão para onde possam convergir as variadas leituras. É como não se estivesse mais *entre* mas *sob* livros: ameaçado de desapa-

* Texto publicado no *Caderno de Leitura Edusp*, n. 3, jan.-fev. 1993.

recer, pelo próprio paradoxo de uma intensa agitação, o leitor já não sabe o que procura e fica desnorteado.

Quem já passou pela experiência de se perder por entre as estantes de uma grande biblioteca, sabe do que estou falando. Ou mesmo aquele estudante que, ainda não tendo encontrado o ângulo pelo qual vai abordar determinado problema, se defronta com uma extensa bibliografia (toda ela importante, toda ela básica, toda ela indispensável). A experiência é a mesma: quer perdido por entre as infindáveis estantes de uma Sterling Library da Yale University (como já me aconteceu), quer estarrecido pela extensão da importante bibliografia de que se tem de dar cabo para redigir algumas páginas de uma tese (como também já me aconteceu), a sensação é de desagradável desnorteamento e perplexidade. Creio, entretanto, que a melhor maneira de sair da desorientação e reencontrar a tranqüilidade é nomeá-la, escrevendo. É o que, contando com a paciência do leitor eventual, vou procurar fazer em seguida.

E começo por uma tradução: a da tese do inglês John King, intitulada *Sur. Estudio de la Revista Argentina y de Su Papel en el Desarrollo de una Cultura. 1931-1970* (tradução de Juan José Utrilla, Fondo de Cultura Económica, 1989).

Trata-se, como se pode ver pelo título, de um estudo abrangente da revista, fundada, em Buenos Aires, por Victoria Ocampo e que, sobretudo entre os fins da década de 30 e os anos 50, exerceu um fecundo trabalho, quer de articulação entre escritores latino-americanos, europeus e norte-americanos, quer de difusão em ambas as direções. Neste sentido, em língua espanhola, a única publicação que se lhe pode comparar é a *Revista de Occidente*, fundada e dirigida em Madrid por José Ortega y Gasset, que, aliás, serviu de modelo para a revista argentina, tendo Ortega mantido estreitas (e, segundo alguns maldosos, desejado que fossem íntimas) relações com Victoria Ocampo.

O livro de King é minucioso: os seus seis capítulos sempre dão conta da atmosfera cultural argentina dos anos atravessados por *Sur*, dos colaboradores estrangeiros da revista (os nomes mais importantes, sem dúvida, da literatura do período, seja na Europa, seja nos Estados Unidos), dos colaboradores argentinos, dos demais autores latino-americanos, das transformações por que foi passando a publicação, com o surgimento, inclusive, da Editora Sur, e das várias polêmicas de época em que esteve envolvida a revista.

É notável, por exemplo, sobretudo para o leitor brasileiro, saber que, em setembro de 1942, foi editado um número especial intitulado "Homenaje a Brasil", que trazia uma antologia de literatura brasileira, organizada por Carlos Lacerda, e que, entre outros, incluía os nomes de Manuel Bandeira, Mário de Andrade, Aníbal Machado, Ribeiro Couto, Cecília Meireles, Murilo Mendes, Jorge de Lima, Carlos Drummond de Andrade, Adalgisa Nery, Vinícius de Moraes, Augusto Frederico Schmidt, Marques Rebelo e Rubem Braga.

Deste modo, a publicação de uma revista como *Sur* foi uma aventura intelectual de grande importância para a história cultural latino-americana. E, pela leitura do livro de John King, não apenas fica o leitor informado da incrível personalidade que foi Victoria Ocampo (de quem recentemente li a biografia escrita por Doris Meyer, *Against the Wind and the Tide*, Austin, University of Texas Press, 1990, e de quem ando lendo uma seleção de páginas autobiográficas, organizadas por Francisco Ayala, Madrid, Alianza Editorial, 1991), como ainda sai lamentando que não exista uma edição fac-similar de *Sur* que possa dar ao leitor de hoje uma visão completa de toda a sua riqueza.

É uma biografia, aliás, o segundo objeto de desorientação a ser nomeado. Refiro-me ao livro de Edward Rice sobre Sir Richard Francis Burton, editado pela Companhia das Letras, em 1991, e traduzido com muita competência por Denise Bottmann.

Deste livro de mais de quinhentas páginas, não direi senão algumas coisas que articulam a existência de Burton ao Brasil, com uma referência tangencial à Editora da Universidade de São Paulo.

Neste sentido, deixo ao leitor eventual a oportunidade de, lendo o livro, ali encontrar uma personalidade fascinante: às vezes antipática por seus serviços prestados ao imperialismo britânico, mas sempre assombrosa pela curiosidade intelectual (que o levou ao conhecimento inacreditável de mais de vinte idiomas e dialetos e às extraordinárias aventuras etnográficas, geográficas e outras).

Em 1865, o casal Burton veio para Santos, São Paulo, e aqui permaneceu durante três anos, durante os quais fez longas viagens, de que resultou a obra *The Highlands of Brazil*, publicada, em dois volumes, em 1869: o primeiro intitulado *The Aboriginal Indian (Tupy) of Brazil*, e o segundo, *Exploration of he Highlands of the Brazil; with a Full Account of the Gold and Diamond Mines; also Canoeing down 1500 Miles of the Great River of São Francisco from Sabará to the Sea*. Foi este segundo volume que serviu de base para a tradução da obra de Burton, editada pela Itatiaia/Edusp, na Coleção Reconquista do Brasil, em 1976 e 1977, deixando-se, portanto, de traduzir o primeiro volume da obra.

Por outro lado, nas informações sobre o autor contidas em nota prefacial à tradução, embora seja referida a sua atividade como tradutor das *Mil e Uma Noites*, não há o registro, importantíssimo para a cultura brasileira, das traduções que fez, com a mulher Isabel, do romance *Iracema*, de José de Alencar, e do poema *Uraguai*, de Basílio da Gama, além de ter sido o tradutor, com comentários, de toda a obra de Camões.

É preciso, portanto, que o leitor de hoje, na leitura que, por acaso, vier a fazer do segundo volume da obra de Burton sobre o Brasil, cuja edição foi paga pela Universidade de São Paulo, acrescente os dados aqui referidos para sua melhor orientação.

Com o que, termino o relato de minhas desorientações e já me sinto mais pacificado.

4

Uma Edição de Brito Broca*

No mesmo ano de 1956 em que eram publicados *Grande Sertão: Veredas*, de Guimarães Rosa, e as *Duas Águas*, de João Cabral, obras que instauraram novos paradigmas para a narrativa e a poesia no Brasil, foi também publicado, pelo Serviço de Documentação do MEC, o livro *A Vida Literária no Brasil – 1900*, de Brito Broca que, embora largamente conhecido por intensa atividade de jornalismo literário desde os anos

* Texto publicado no *Caderno de Leitura Edusp*, n. 5, maio-jun. 1993.

40, era autor apenas de um livro de crítica: *Americanos* (Curitiba, Guaíra, 1944).

Imediatamente recebido como excelente exemplo de pesquisa literária, o livro de 1956, que teve uma segunda edição, revista e aumentada, pela Livraria José Olympio Editora, em 1960, logo se transformou em texto básico para o conhecimento da literatura no Brasil dos inícios do século, tal como era praticada nos círculos cariocas da chamada *belle époque*.

Na verdade, a obra dava conta de uma pesquisa minuciosa de livros, autores e circunstâncias histórico-sociais, sabendo utilizar a discriminação crítica com propriedade e juízo equilibrado através de uma linguagem que superava os rigores da erudição por elegantes acertos de escrita.

Entre a publicação de *A Vida Literária no Brasil* e 1961, ano de sua morte, Brito Broca publicou três livros: uma pequena síntese crítico-biográfica de Raul Pompéia (São Paulo, Melhoramentos, 1956) e duas coletâneas de ensaios, *Horas de Leitura* (Rio de Janeiro, Instituto Nacional do Livro, 1957) e *Machado de Assis e a Política e Outros Estudos* (Rio de Janeiro, Organização Simões, 1957).

Durante os cinco anos que vão entre o livro de 56 e a morte em 61, Brito Broca foi, sobretudo, o colaborador do "Suplemento Literário" de *O Estado de S. Paulo*, então dirigido por Décio de Almeida Prado, onde assinou uma seção de Letras Francesas, de que alguns artigos foram depois editados e prefaciados por Francisco de Assis Barbosa no volume *Letras Francesas* (São Paulo, Conselho Estadual de Cultura, 1969). Mas o último livro organizado pelo próprio Brito Broca foi *Pontos de Referência*, embora só tenha sido publicado no ano seguinte à sua morte, numa bela e elegante edição do Serviço de Documentação do MEC.

Com exceção das *Memórias*, editadas pela José Olympio em 1968, somente no final da década seguinte é que surge novo livro do autor, agora organizado por Alexandre Eulálio e o primeiro volume das *Obras Reunidas* por ele idealizadas: *Românticos, Pré-Românticos e Ultra- Românticos: Vida Literária & Romantismo Brasileiro* (São Paulo/Brasília, Polis/INL, 1979). Dois outros volumes foram publicados pelas mesmas editoras (Polis e INL): *Ensaios de Mão Canhestra*, em 1981, (reunindo prefácios a obras de Tolstói, Dostoiévski, De Quincey, Cervantes, Pär Lagerkvist, Goethe e José de Alencar, um ensaio de revista sobre Coelho Neto, a reedição da síntese crítico-biográfica sobre Raul Pompéia e a importante síntese histórica da crítica brasileira, publicada anteriormente na *Introdução à Literatura Brasileira*, precedendo a indispensável bibliografia de J. Galante de Souza no mesmo volume) e *Machado de Assis e a Política e Mais Outros Estudos*, em 1983. Este volume não é simples reedição do de 1957: há uma segunda série de estudos (de modo geral, como observa Alexandre Eulálio na nota escrita para o volume, acentuada na troca do *e* pelo *mais* em *Outros Estudos* do título) correspondente a cada uma das quatro partes da obra, resultante da pesquisa do organizador da edição, que foi encontrar, entre os papéis de Brito Broca, aquilo que se devia acrescentar à edição de 1957.

Nos três volumes publicados pelo idealizador das *Obras Reunidas* havia se estabelecido um cânone editorial: um prefácio encomendado a especialista, uma nota do organizador das *Obras*, explicando o volume em pauta ("Este Volume"), o texto de Brito Broca, um índice Bibliográfico e um índice Onomástico.

Oito anos depois (e, infelizmente, já falecido, em 1988, Alexandre Eulálio) surge *Papéis de Alceste*, agora publicado pela Editora da Unicamp, utilizando os recursos bibliográficos do Centro de Documentação Cultural Alexandre Eulálio e, embora na folha de rosto venha explícito que o projeto original é de Alexandre Eulálio, ocorreram algumas modificações editoriais importantes; uma delas, pelo menos, para grande prejuízo do projeto das *Obras Reunidas*. Refiro-me ao desaparecimento, a partir de *Papéis de Alceste*, do Índice Bibliográfico, de capital importância para coletâneas de ensaios dispersos, substituído, de forma precária e editorialmente deselegante, por locais e datas entre parênteses nos títulos arrolados nos sumários de cada volume.

Se este prejuízo é menor no que se refere à edição dos *Papéis de Alceste*, por se tratar da reunião de crônicas ligeiras publicadas num único periódico – *A Gazeta*, de São Paulo –, o mesmo não se pode dizer a respeito de *Naturalistas, Parnasianos e Decadistas: Vida Literária do Realismo ao Pré-Modernismo*, também de 1991, daquele de 1992, *Horas de Leitura*, uma reedição do livro de 1957 que segue o método adotado na reedição do outro conjunto de ensaios de 1957, *Machado de Assis e a Política*, ou mesmo o volume publicado neste ano de 1993, *Teatro das Letras*. Isto porque são ensaios que, no seu conjunto, compõem a vertente principal do pesquisador insaciável que foi Brito, espalhando, por diferentes periódicos, pequenos textos de registros de leituras, relações literárias, buscas de influências, atmosferas culturais, através das quais buscava articular um quadro amplo das circunstâncias e dos valores da literatura no Brasil.

Ora, os índices bibliográficos, realizados por Alexandre Eulálio para os três volumes iniciais das *Obras Reunidas*, têm uma função estrutural na edição dos ensaios, não apenas marcando locais e datas de publicação original, mas estabelecendo correlações entre os textos de Brito Broca e o próprio andamento de suas leituras e investigações.

Embora compreenda que a morte de Alexandre Eulálio tenha sido um duro golpe para o projeto das *Obras Reunidas*, creio, por outro lado, que um bom trabalho no Centro de Documentação que leva o seu nome poderia, senão substituí-lo, ao menos propiciar a continuidade do cânone por ele estabelecido.

O que não é nada compreensível é que, se dedicando a um trabalho editorial de tão grande relevância como este das *Obras Reunidas* de Brito Broca (já foram publicados sete dos dezesseis volumes programados), a Editora da Unicamp tenha ocorrido em verdadeiro desastre de editoração ao publicar os ensaios sem espaços iniciais, fazendo com que os textos terminem e comecem em meio de página, economizando papel, mas confundindo o leitor e tornando desagradável a imagem gráfica e, portanto, a leitura.

Não é, certamente, uma boa homenagem nem ao homem de livros e leituras que foi Brito Broca, nem, muito menos, ao requintado e sofisticado editor da grande e saudosa fase da *Revista do Livro* que foi Alexandre Eulálio.

5

Uma Edição Crítica de Eça de Queirós*

Não sei o que é feito da Comissão Machado de Assis que, junto ao então Instituto Nacional do Livro do Ministério da Educação, aí pelos fins dos anos 50 e anos 60, trabalhou na edição crítica do nosso grande escritor.

Como resultado desse trabalho, que envolvia os mais reconhecidos machadianos do Brasil, sei que foram publicados os textos de *Memórias Póstumas de Brás Cubas*, *Quincas Borba*, incluindo a variante de

* Texto publicado no *Caderno de Leitura Edusp*, mar.-abr. 1993.

publicação deste romance em revista, e *Dom Casmurro*. Sei também que o trabalho de editoração crítica foi realizado por equipe liderada pelo escritor Antônio Houaiss. Posteriormente, mas isto já nos anos 70, a partir de 1975, se não estou enganado, a editora Civilização Brasileira, em convênio com o MEC através do INL, começou a publicação, por assim dizer, comercial, das obras, numa série prevista de quinze volumes, tendo por base os textos críticos fixados pela comissão.

Creio que o projeto não foi realizado até o fim e o que se tem por obra completa de Machado de Assis, isto é, a edição Aguilar, não apenas não é completa, como é vergonhosamente precária em termos de edição. O certo é que até hoje inexiste uma edição à altura do escritor que foi Machado de Assis, não obstante alguns trabalhos isolados de anotações ou correções textuais realizados por um machadiano como o inglês John Gledson, sobretudo para as crônicas, ou por especialistas da Fundação Casa de Rui Barbosa para a reedição, muito pobre, da edição Garnier. Levanto o caso de Machado de Assis, para sustentar uma afirmação de caráter mais geral: não se tem, no Brasil, uma tradição de crítica textual e aquilo que se lê, às vezes, como texto definitivo de um autor, raramente é definitivo e, muitas vezes, pode nem mesmo ser do autor.

Creio que caberia às universidades, através de suas editoras, ir fazendo a crítica desse estado de coisas e, simultaneamente, constituindo grupos de filólogos realmente empenhados na recuperação de alguns autores e textos de nossa ainda jovem e pequena tradição literária. O trabalho desses grupos com as editoras universitárias poderia ser o começo de uma renovação no campo da edição crítica, não apenas no apuro dos textos a publicar, como, ainda – o que é muito importante – na aprendizagem recíproca das dificuldades e belezas da tarefa de editoração. Acredito que a escolha de um autor como Machado de Assis seria um bom início e grande desafio, ao menos para se ter certeza de que se está lendo texto dele.

Neste sentido, acabo de ler um ótimo exemplo de trabalho com a crítica textual.

Refiro-me à publicação (Lisboa, Imprensa Nacional – Casa da Moeda, 1992) do primeiro volume da edição crítica das *Obras de Eça de Queirós*, coordenada por Carlos Reis, e que diz respeito ao romance *A Capital! (Começos duma Carreira)*. Esta edição, realizada com enorme competência por Luís Fagundes Duarte, demonstra, de modo irrefutável, a importância da crítica textual, sobretudo pela revelação de um texto que, ao articular as inumeráveis variantes manuscritas existentes e ao refazer seqüências narrativas desprezadas nas duas edições impressas anteriores, pode-se afirmar como autêntico dentro dos parâmetros estilísticos da evolução da escrita do romancista. Esta afirmação não encontra apoio apenas na argumentação e nos elementos de comparação arrolados pelo editor crítico em sua preciosa "Introdução", mas – sobretudo, para o leitor que já tenha lido a edição de 1925, pelo filho do romancista, José Maria d'Eça de Queirós, ou a edição de 1970 por Helena Cidade Moura – pelas anotações de rodapé que corrigem ou refazem informações da narrativa, colhidas no trabalho de investigação textual e que ficaram relegadas naquelas duas edições.

Se o texto da edição de 1925 teve o mérito de retirar o romance do esquecimento, envolvendo um complexo trabalho de leitura do manuscrito a que se dedicou com enorme paixão o filho devotado, mas, por isso mesmo, se transformando numa tarefa de cópia e divulgação, e se o trabalho de Helena Cidade Moura já se valeu de elementos comparativos para emendas na busca de um texto mais fidedigno, somente agora, com os resultados da pesquisa de Luís Fagundes Duarte, tem o leitor a convicção de estar lendo o verdadeiro texto das aventuras do jovem Artur Corvelo entre a pasmaceira provinciana de Oliveira de Azeméis e as decepções da idealizada Lisboa.

É claro que, no trabalho de edição, é fundamental a escolha do editor entre variantes possíveis. Aqui, entretanto, além de as escolhas estarem fincadas na pesquisa documental, elas me parecem atender às exigências de estilo do autor. Dou apenas dois exemplos: as primeiras e as últimas frases do romance.

No primeiro caso, temos:

"A estação de Ovar, no caminho de ferro do Norte, estava muito silenciosa, pelas seis horas da tarde, antes da chegada do comboio do Porto" (edição de 1925) e "A estação de Ovar, no caminho de ferro do Norte, estava muito silenciosa pelas seis horas, antes da chegada do comboio do Porto" (edição de 1992).

A eliminação da cláusula temporal (da tarde) na edição crítica é coerente, do ponto de vista narrativo, desde que, no segmento a seguir, a tarde é referida como "clara e pura" em contraste com a manhã chuvosa.

No segundo caso, temos:

"A erva, Sr. Arturzinho? Ah que é muito tenra. Escolho-a de propósito. Saiba V. Sa. que é para os coelhos – respondeu o tio Jacinto, fechando à chave a grade do cemitério" (edição de 1925) e "A erva? Ah, que é muito tenra. Escolhi-a de propósito... Saiba V. Sa. que é para os coelhos – respondeu o tio Jacinto, fechando a grade de ferro do cemitério" (edição de 1992).

Neste caso, não apenas o modo verbal diverso usado para o verbo *escolher* como a eliminação do supérfluo uso de chave conferem, sem dúvida, maior objetividade ao texto. Mesmo porque a qualificação da grade ("de ferro") substitui, com vantagem, o modo de fechá-la ("à chave"). São exemplos, bem modestos aliás, das decisões que devem ser tomadas por um editor crítico na produção de um texto que corresponda da melhor maneira às várias fases do trabalho de composição do autor. E, sem sombra de dúvida, Luís Fagundes Duarte sabe tomar decisões e, por isso, oferece ao leitor de Eça de Queirós um riquíssimo material para reflexão e deleite.

Dito isto, devo, no entanto, acrescentar que o trabalho de edição continua depois do estabelecimento do texto pelo editor crítico. É quando surgem aquelas imperfeições que são o tormento dos filólogos.

Sem querer aumentar o tormento deste grande editor crítico que é Luís Fagundes Duarte, sou obrigado, por dever de ofício, a chamar a atenção para dois pontos em sua bela edição: em primeiro lugar, logo no segundo parágrafo do romance, linhas seis e sete, parece haver um erro de pontuação e onde se deveria ler "De manhã chovera;...", lê-se "o céu de manhã chovera"; em segundo lugar, à página 190, há um erro de numeração de linhas e onde se lê 150 deve-se ler 250.

São mínimos detalhes que só chamam a atenção exatamente devido ao grande empreendimento que representa, para a obra de Eça de Queirós e para a cultura literária de Portugal, esta magnífica edição.

II

No Caderno dos Outros

1

Duas Introduções a José de Alencar*

1. *O Guarani*

A obra de José de Alencar, como já se disse muitas vezes, é tão variada em seus valores e intenções que o leitor menos avisado, sem uma leitura global de seus textos, perde a orientação e não sabe por onde começar o julgamento.

* O primeiro texto, sobre *O Guarani*, foi publicado na edição do romance pela Editora Ática; o segundo, sobre *O Sertanejo*, foi publicado na edição do romance pela Editora Cultrix.

Nela há de tudo: desde o exercício mais ou menos etnográfico, onde a análise psicológica se rarefaz e a personagem enquanto personagem quase desaparece por entre o mapeamento lingüístico e antropológico (*Ubirajara*, 1874), até o propósito de análise social e psicológica, por onde o escritor antecipava modos narrativos urbanos de grande fortuna em nossa literatura (*Senhora*, 1875).

Regionalista, histórico, social, psicológico são termos mais ou menos arbitrários que não chegam a definir um romance, muito menos um romancista. Este – para o leitor que pretenda uma compreensão menos esquemática – fica sempre aquém ou além das designações dos manuais de História Literária e só se esclarece sob uma lente menos rotulativa e mais fina: a que busque o seu modo de relacionamento com a própria linguagem por meio da qual chega à realidade. E sob uma lente assim, José de Alencar é muito mais interessante do que, em geral, nos fizeram acreditar as fórmulas batidas das esquematizações didáticas.

Na verdade, todo escritor é passível de reduções sumárias que, servindo aos desígnios da classificação, têm por objetivo mais profundo preencher o vazio de uma crítica parcial. Diz-se, por exemplo, que Machado de Assis foi um grande escritor (grifando-se o termo), mas que teve uma imaginação (esgarçando-se o termo) limitada pelos valores psicológicos, conhecendo a alma humana com o rigor de um Dostoiévski, mas sofrendo de uma certa miopia (a expressão foi usada por Eça de Queirós) para ver o grande espetáculo da luta entre a natureza e o homem. E, como era de esperar num espaço crítico assim afeito ao vezo maniqueísta, o contrário daria José de Alencar.

Imaginoso, fantasista, empenhado na construção de uma literatura brasileira americanista diferenciada da européia, mas escritor apressado, desajeitado mesmo em lidar com personagens e situações. Será assim? Acredito que não e, em seguida, veremos por quê.

Penso que foi Augusto Meyer quem, escrevendo sobre o presente livro ("Nota Preliminar" a *O Guarani*, na edição Aguilar), pôs melhor o dedo no suspiro: viu José de Alencar como escritor, escolhendo os seus temas, esforçando-se por achar aquilo que é o objetivo de todo escritor de raça, isto é, a sua linguagem, com a qual pudesse dar conta do tema que escolhesse. E, num desabafo de leitor crítico, querendo desvencilhar-se da mesmice das classificações, chega a afirmar:

Eu por mim confesso humildemente que não vejo indígenas na obra de Alencar, nem personagens históricas, nem romances históricos; vejo uma poderosa imaginação que transfigura tudo, a tudo atribui um sentido fabuloso e não sabe criar senão dentro de um clima de intemperança fantasista. Poeta do romance, romanceava tudo. Se teve a intenção de criar o nosso romance histórico, ficou só na intenção, e de qualquer modo não lograria fazê-lo, pois era demasiado genial para poder adaptar o seu fogoso temperamento a um gênero tão medíocre, que pede paciência aturada na imitação servil da crônica histórica, pouca imaginação criadora e acúmulo de minudências pitorescas [...].

É, de fato, esta a posição mais adequada para que o leitor de hoje, familiarizado com as técnicas mais sofisticadas da narrativa, possa ler ainda José de Alencar: captar, por sob as intenções regionalistas ou americanistas que o romancista fazia vibrar na face de seus críticos mais mordazes, o esforço de quem, no romance, encontrava um veículo adequado para a objetivação de sua inquieta e poderosa capacidade fabuladora.

Poucos escritores brasileiros, mesmo aqueles mais bem dotados tecnicamente, servem melhor ao estudo do que seja a própria arte da ficção, sobretudo no que diz respeito ao problema tão antigo quanto o próprio

Aristóteles, o da verossimilhança. Em Alencar, a cada passo, em seus livros mais ambiciosos, pode ir o leitor de hoje rastreando elementos que conduzem ao cerne daquilo a que um crítico (Martin Price) chamou de "contrato ficcional", isto é, uma espécie de acordo tácito entre o autor e o leitor no que se refere às experiências do imaginário concretizadas pela narrativa.

Tropeçando nos erros de sua ignorância etnográfica, esbarrando por entre as armadilhas da *selva selvaggia* de uma terminologia "brasileira" ainda não bastante esclarecida em sua época (e tudo isso os seus críticos menos argutos e mais caturros, de ontem e de hoje, fizeram e fazem valer como condenação geral de sua obra), Alencar foi afirmando a supremacia de uma realidade ficcional sobre a chateza das minudências de ordem histórica ou geográfica com o mesmo ardor e imprudência da maioria de suas personagens heróicas.

Veja-se bem, no entanto: José de Alencar jamais perde a visão de conjunto de sua narrativa. Se a ação de suas personagens faz surgir acontecimentos que parecem bordejar o inverossímil, isto se dá por um momento fugaz, e o leitor termina pacificado. Tudo acaba por explicar-se convenientemente desde que a imaginação funciona como elemento controlador e organizador.

Este processo de compensação, que está em toda a sua obra, começou a ganhar foro de estilo (o "estilo José de Alencar") a partir deste "romance brasileiro", depois das tímidas experiências de romance urbano (a que ele mesmo chamava de *romancetes*), representadas por *Cinco Minutos* (1856) e *A Viuvinha* (1857).

Escrito em folhetins para o *Diário do Rio de Janeiro* entre janeiro e abril de 1857, o romance, neste mesmo ano, era publicado em quatro fascículos (as quatro partes que o compõem) "e que aproveitava a composição dos folhetins", conforme indica Darcy Damasceno, na "Introdução" que escreveu para a sua edição crítica da obra (Instituto Nacional do Livro, 1958) e que vou utilizando nesta minha leitura.

Que José de Alencar julgava ser este o seu primeiro romance é fácil de verificar pelo "Prólogo" que antecedeu à publicação em folhetim.

Ali, a "prima", que aparecia como interlocutora nas duas primeiras narrativas, é nomeada como responsável pela fé depositada no escritor: "Gostou da minha história, e pede-me um romance; acha que posso fazer alguma coisa neste ramo de literatura".

Ao contrário do que acontecia nas duas obras anteriores, entretanto, a "prima" conserva-se no pórtico do romance, deixando de ser aquele expediente mais ou menos fácil com que Alencar conduzia as intrigas superficiais em *Cinco Minutos* e *A Viuvinha*.

Deixada no "Prólogo", transformada em depositária da obra, a mudança com relação à "prima" é fato mais substancial: revela uma deslocação de foco narrativo que, na verdade, inaugura o romance na obra literária de José de Alencar.

De autor conivente ele passa a autor onisciente – assumindo a perspectiva épica por meio da qual podia soltar as rédeas de sua imaginação, saturada pelas leituras adolescentes de Chateaubriand, Dumas, Hugo, Sue, Scott, Cooper, Marryat, autores todos citados por ele mesmo em *Como e por que Sou Romancista*.

Na verdade, aquele leitor juvenil dos serões na chácara do pai, o Senador Alencar, quando lia e relia para a sua mãe e amigas *Armanda e Oscar*, *Saint-Clair das Ilhas* e *Celestina*, fazendo-as chegar até às lágrimas, encontrava agora, antes de atingir os trinta anos, o modo de transformar todas aquelas experiências em objeto capaz de aglutinar, pela ficção – aprofundando-as portanto – as emoções e sensações do leitor sensível.

Não mais a história, em contraposição ao romance, a que ele se refere no período de abertura de sua primeira obra ("É uma história curiosa a que lhe vou contar, minha prima. Mas é uma história, e não um romance"): agora tratava-se de, munido de umas escassas notas extraídas de crônicas históricas e do que a fantasia, mais do que o registro verdadeiro, lhe dizia dos sertões brasileiros, enfrentar a ambição que, segundo o próprio romancista, alentava-o desde anos, quando escrevera *Os Contrabandistas*, destruído pelo fogo (mais uma de suas ficções?!). E é curioso observar como, pela leitura do "Prólogo", é ainda a personagem, não o autor dos romancetes anteriores, que envia à "prima" a cópia de um hipotético manuscrito realizada por ele e Carlota (a jovem romântica do primeiro romancete, como se sabe) "nos longos serões das nossas noites de inverno", como ali está dito. A ficção dentro da ficção, portanto, e não assumindo ares de crônica verdadeira como nos livros iniciais, é que vinha estabelecer a distinção entre história e romance por ele requerida.

Em sua curta, mas preciosa autobiografia, as origens do presente romance estão mencionadas a partir de 1848, quando, voltando ao Nordeste, viajando pelo interior do Ceará e Bahia, lendo cronistas da era colonial em Olinda, José de Alencar afirma a certa altura de suas reminiscências:

Uma coisa vaga e indecisa, que devia parecer-me com o primeiro broto do *Guarani* ou de *Iracema*, flutuava-me na fantasia. Devorando as páginas dos alfarrábios de notícias coloniais, buscava com sofreguidão um tema para o meu romance; ou pelo menos um protagonista, uma cena e uma época.

O romance que se vai ler em seguida é o testemunho desse achado que o leitor deve apreender sem desprezar o que permaneceu daquela fantasia flutuante mencionada pelo escritor.

Organizado em torno de quatro partes ("Os Aventureiros", "Peri", "Os Aimorés" e "A Catástrofe"), o romance possui aquilo que, em 1848, Alencar buscava sofregamente: passa-se no século XVII, às margens do Paraíba, e tem por protagonista o índio Peri. Portanto, uma época, uma cena e um herói.

Divididas em curtos capítulos, as quatro partes dão, de fato, aquela impressão de estrutura cinematográfica anotada, com argúcia, por Augusto Meyer no estudo já referido. (Decorrente, talvez, em grande parte, da enorme plasticidade alcançada pelo escritor na elaboração das ações e cenas do romance.)

Quanto ao outro elemento mencionado por Alencar em sua autobiografia – o tema – a sua detecção neste romance não é tão fácil quanto possa parecer àqueles que se habituaram a chamá-lo de histórico ou indianista.

Na verdade, se a ação do livro leva para o encontro final entre os brancos e os Aimorés, com a destruição da Casa de D. Antônio de Mariz e de seus ocupantes, com exceção de Cecília e Peri, esta mesma exceção desvia o tema ostensivo para um sistema latente mais complexo e de mais forte simbolização.

A lenda de Tamandaré – o Noé indígena, como anota Alencar – contada por Peri a Cecília no "Epílogo", às vésperas da explosão final das águas do Paraíba, pode ser lida como uma espécie de referência intertextual: a fecundação posterior da terra pelo indígena da lenda, salvo "no olho de uma palmeira", corre paralela àquela realizada pelo próprio romance de Alencar, fundando uma tradição.

Romance de fundação, o brasileirismo, ou indigenismo, de que se acha imbuído, é apenas uma parte de sistema mais rico de significações.

É claro, veja-se bem, que, num primeiro nível, a fusão de Peri e Cecília pelas águas tormentosas do Paraíba implica a reunião de raças procriadoras da nacionalidade, como pedia a etnologia romântica perfilhada por Alencar; num outro, todavia, a utilização da lenda vem apontar para aquela introdução do elemento mítico no erudito (o romance romântico de José de Alencar), impondo-lhe um traço, por assim dizer, de simbolização também literária. Não é só da fundação da nacionalidade que trata o romance, mas de sua própria fundação enquanto gênero literário no Brasil.

Por outro lado, não é difícil imaginar como uma leitura "temática" ao modo de Gaston Bachelard – quando o "tema" passa a ser a articulação de uma cadeia de obsessões recorrentes, sobretudo metafóricas, como já as estudou o seu discípulo Charles Mauron – poderia aproveitar bastante da circularidade descrita pelas águas do Paquequer no espaço do romance.

De qualquer modo, não é preciso ter lido Lévi-Strauss ou Propp (embora isto fosse desejável) para apreender o estrato mítico do livro, permitindo uma leitura mais complexa de seus símbolos.

No entanto, entre as primeiras cenas da obra, por onde passam as águas do Paquequer, em que se descreve a fortaleza mandada erigir por D. Antônio de Mariz, quando surgem D. Lauriana, Cecília, Isabel, D. Diogo, o escudeiro Aires Gomes (de marcantes traços cervantinos), o próprio D. Antônio, Peri e os aventureiros chefiados pelo cavalheiro D. Álvaro (sobressaindo o personagem Loredano, notável figura de vilão, parecendo ter saído de toda a imaginária romântica de capa-e-espada); entre estas primeiras cenas e o "Epílogo", quando então se completa o ciclo das águas, o leitor é "retardado" por motivos atraentes: seja a dedicação de Peri à sua Ceci, seja a altivez de D. Lauriana, seja o amor de Isabel por Álvaro, seja a queda do presente trazido por este último ao fundo de um precipício, onde se agitam serpentes e escorpiões, e o seu resgate pelo índio heróico, seja a transformação de Fr. Ângelo di Luca no terrível Loredano por ambição no roteiro das fabulosas minas de Robério Dias, seja a conspiração deste último para apoderar-se da Casa dos Mariz, sobretudo de Cecília etc. etc.

Estava fincado o esquema com o qual, daí por diante, há de trabalhar, quase sempre, José de Alencar: de um lado, os bons, os heróis; de outro, os maus, os covardes. Entre uns e outros, a tensão romanesca é dada pela força da imaginação ao instaurar os espaços internos e externos (para exemplo dos primeiros, basta ler o modo pelo qual erige heraldicamente a Casa dos Mariz no meio das matas sertanejas).

Como exemplo geral do esquema adotado pelo escritor, tome-se o triângulo que se estabelece em torno de Cecília, representado por Loredano, Álvaro e Peri. De tal forma cada um é esquematizado por Alencar, correspondendo às suas específicas organizações morais, que, num determinado momento da obra, a triangulação é descrita explicitamente:

> Loredano desejava; Álvaro amava; Peri adorava. O aventureiro daria a vida para gozar; o cavalheiro arrostaria a morte para merecer um olhar; o selvagem se mataria, se preciso fosse, só para fazer Cecília sorrir ("Amor", Cap. IX, 1ª Parte).

Gozo, amor e adoração: entre eles não parece haver possibilidade de conciliação, e a temática do romance termina por justificar essa impossibilidade.

O leitor de hoje talvez sinta na esquematização referida uma certa rigidez capaz de afastá-lo da obra: os homens, dirá com os seus botões o leitor contumaz de Machado de Assis, nem sempre, ou nunca, são assim tão estanques e divididos entre si.

Que ele – esse hipotético leitor – possa refletir sobre isso ao término da leitura do romance, está bem. Se ele, entretanto, fizer disso uma razão para nem sequer iniciar a leitura, jamais lendo José de Alencar, então é porque, com toda a certeza, a sua imaginação não é bastante forte e segura para agüentar os impulsos desse cearense exagerado e dono absoluto de seus meios de expressão. Um fundador.

2. *O Sertanejo*

A primeira edição deste livro é de 1875. A mesma data em que apareceu também *Senhora*. Os dois romances constituem, todavia, pólos diversos da múltipla atividade do escritor José de Alencar – um artista que, dificilmente, cabe em classificações unilaterais. A sua é uma obra de qualidades variáveis e também de objetivos diversos.

Na verdade, intensamente marcada pelos desígnios românticos, perdeu, em grande parte, o interesse primitivo. E isto porque o leitor moderno, armado de instrumentos de prospecção requintados, resiste à leitura de estórias estruturadas a partir da mais desabrida fantasia, não obedecendo senão tenuamente aos rigores da verossimilhança social ou histórica. Mas, como tudo estava por se fazer na época do romancista, os dois romances – *O Sertanejo* e *Senhora* – com todas as sua diferenças, surgem numa mesma data. E se este é capaz de ainda fisgar o leitor atual pelo que de substrato psicológico e/ou sociológico nele existe, aquele não tem a seu favor senão as virtudes da sabedoria artesanal a que havia chegado o escritor.

Mais ainda: se em *Senhora* nós podemos assistir a um escritor capaz de tornar complexa a realidade pela argúcia das análises dos motivos humanos, em *O Sertanejo* estamos na presença de um mundo construído segundo a vontade do autor, no qual personagens e situações são distribuídas de acordo com esquemas fixados previamente – dividido o mundo em bons e maus, existindo aqueles que se ajustam e aqueles que contrariam a natureza. (Está claro que por natureza se deve entender toda a realidade na qual atuam as personagens.)

Desta forma, o primeiro passo para a fruição do romance é estabelecer um pacto com o autor: o leitor se desarma das perguntas acerca do grau de realidade que possa conter a estória e o autor, em troca, oferta-lhe ações extraordinárias, capazes de fazerem as delícias da imaginação. É verdade que, de certa forma, com maior ou menor intensidade, esse processo de adequação a que se tem de submeter o leitor ocorre em toda a leitura ficcional. Acontece, no entanto, que o romance romântico, tal como foi pensado e praticado por Alencar, é construído a partir desse postulado fundamental de adesão. Daí o seu *romance regionalista* ser muito mais hino de louvor do que análise sociológica. Não era um método literário de conhecer o Brasil, mas antes uma forma de reconhecimento daquilo que a imaginação exaltada fabricara como sendo a imagem do país.

No caso deste romance, o processo é bastante evidente: a imagem do sertão cearense, que ficara gravada no romancista, era a da viagem que fizera quando criança e, talvez muito mais, das leituras do romanceiro popular, onde os vaqueiros, os bois, as árvores, os bichos bravos, as vastidões e os perigos assumiam proporções de dignidade épica. Agora toda essa soma de imagens grandiloqüentes era repensada pelo escritor famoso, mas desiludido das malsucedidas façanhas políticas, anotando sempre, por entre grandes gestos e belas paisagens, a frustração que sofria no tempo presente, a nostalgia pelo "homem natural", e que encontrava a sua compensação em criar máscaras ideais, mediante as quais reconhecia o mundo que a sua imaginação de rebelde forjara.

Logo nas primeiras frases é possível evidenciar o movimento compensatório:

> Quando tornarei a respirar tuas auras impregnadas de perfumes agrestes, nas quais o homem comunga a seiva dessa natureza possante? De dia em dia aquelas remotas regiões vão perdendo a primitiva rudeza, que tamanho encanto lhes infundia.

Freqüentemente, no correr da leitura, é possível encontrar uma ou outra observação comparativa com a qual o romancista insinua as vantagens de épocas passadas e daquelas regiões encantadas pela fantasia. Seria preciso que se passassem ainda vários anos para que Euclides da Cunha, repórter e artista combinados, desmontasse a imagem ideal e fizesse sangrar uma realidade brutal. Em Alencar, e neste romance, ela não é senão maravilhas, surgidas por oposição à atmosfera citadina que o romancista então mal suportava respirar por entre os desgastes sofridos por sua personalidade complicada de vaidoso às voltas com o que lhe pareciam insucessos civis.

Na verdade, era uma espécie estranha de vingança: tornar real, pela ficção, as criações de uma imaginação inadaptada ao tumulto e às emulações da cidade. O autor, vencido pela vida pública e pelas mágoas pessoais, criava o seu universo particular e fechado de heroísmo e nele se instalava como senhor e dono. Daí, por outro lado, a marcha monótona de heroísmo e vileza com que caminha o romance. Sem que se nos diga o que é o bem ou o mal, o escritor indica-nos onde estão, e é realmente notável que eles coincidam sempre com a adequação ou não à ordem social estabelecida.

Neste sentido, *O Sertanejo* incorpora um mundo elaborado a partir da ótica do senhor dominante que encarna a ordem (o bem) e que reaje às desobediências e revoltas (o mal). Por outro lado, como esse mundo é radicalmente dividido aprioristicamente por entidades ideais, o conflito entre as duas faces da realidade ocorre na superfície e somente diz respeito aos projetos individuais.

São as aspirações frustradas do Capitão Fragoso que desencadeiam a guerra com a família do Capitão-mor Gonçalo Pires Campelo. Além deste nível conflitante, está o vaqueiro Arnaldo Louredo – encarnação de uma superordem moral, pois defensora da ordem do capitão-mor, mas, sobre ela, levando a vantagem do heroísmo solitário.

Em nenhum momento as explosões do vaqueiro significam revolta contra o estabelecido: quando elas ocorrem é apenas como desejo de fazer reconhecer uma verdade intuída por Arnaldo mas ainda não captada pelo capitão-mor. Não que elas se dirijam contra os Campelos: pelo contrário, será (desde que conhecida) um aprimoramento. E desde logo o leitor fica a par dessa espécie de fidelidade do vaqueiro.

O romancista cuida, seguidas vezes, de esclarecer os móveis das ações de Arnaldo: todos eles coincidem em representar a mais cabal sujeição do sertanejo àquilo que lhe havia sido reservado por sua condição social. Se ele se rebela contra a possibilidade do casamento de D. Flor com o Capitão Marcos Fragoso nisto ainda acaba por coincidir com a opinião do Capitão-mor Campelo: o Capitão Fragoso se transforma em vilão aos olhos do Capitão-mor, pois o leitor já sabia de seus desajustamentos dentro da ordem erguida pela casa-grande do sertão de Quixeramobim.

Entre o amor de Arnaldo por Flor e sua realização, está a condição de vaqueiro e é ele mesmo quem não a modifica, firmando-se numa posição de defesa da moça e de sua posição social superior. A ordem do capitão-mor é indiscutível e paira sobre os sentimentos. A Arnaldo somente resta o ato heróico, através do qual ele se aproxima de uma confissão em aberto – sempre impossível.

Para o romancista, além disso, a feição heróica do sertanejo se constrói sobre essa impossibilidade: cruzasse ele a ponte entre a sua condição e a de Flor, passava para o lado dos vilões, dos usurpadores. Ele é herói, dir-se-ia, porque elabora para si formas inusitadas de provação do próprio valor. E essas formas respondem sempre à obediência ao sistema, encarnado pelo recato de D. Flor e pela intransigência do capitão-mor.

Assim, por exemplo, quando Arnaldo persegue e ferra o boi Dourado com o nome de Flor, ele está cumprindo uma ordem da moça, sendo herói, e, ao mesmo tempo, desde que evitando que a façanha seja realizada pelo vilão (Marcos Fragoso), fazendo imperar o bem, que é a ordem e que é, por sua vez, o nome do capitão-mor.

Um outro aspecto da narrativa, bastante curioso para a exemplificação dessa perspectiva que estou procurando acentuar, é a intervenção de Arnaldo, frustrando o casamento de D. Flor com o primo Leandro Barbalho.

Aparentemente, se poderia pensar num ato do vaqueiro que viesse simplesmente contrariar a vontade do capitão-mor. Na realidade, pela leitura do romance, fica-se sabendo que foi Jó quem, de acordo com Arnaldo, feriu Leandro no momento em que se realizava o casamento. Entretanto, este aparente ato de vontade do sertanejo, contrário ao capitão-mor, é reduzido por duas razões:

Em primeiro lugar, a efetivação de desobediência ao desejo do capitão-mor foi transferida para uma outra personagem – Jó – que, durante toda a narrativa, se mantém como à margem daquele mundo (e o próprio José de Alencar, na "Conclusão", abre uma brecha para a estranheza da personagem, prometendo referir o seu passado em livro posterior).

Em segundo lugar, – e isto me parece o mais importante – a intervenção só se dá pela metade. Na verdade, o vaqueiro não destrói o rival: apenas o põe fora do jogo temporariamente. Pela leitura do Capítulo XIX da Parte II, o leitor é informado de que a "seta fina e breve" que, "cortando os ares picara a artéria cervical do sobrinho do capitão-mor" (Capítulo XXI, Parte II), é a mesma que surge no seguinte diálogo entre Arnaldo e o velho Jó:

– Anhamum chegou.
– Ouvi os seus passos.
– Ele possui um veneno que mata, e outro que faz dormir apenas.
– Conheço.
– Tu lhe pedirás uma seta ervada que faça dormir o homem.
– E um arco.
– Sabes atirar com ele?
– Outrora eu flechava as andorinhas no ar.
– Posso contar contigo?
– Conta com Deus, filho, se Ele quiser abençoar-te.
– Não te demores.
– O teu pé não tem a asa do teu desejo, como a terá o meu que é velho e cansado.

Foi, assim, uma artimanha de romancista, mantendo, ao mesmo tempo, a tensão romanesca que liga Arnaldo a Flor e não fazendo definitiva a desobediência aos imperativos do capitão-mor. Ele continuaria a "render graças ao Deus que lhe conservava pura e imaculada a mulher de sua adoração" (Capítulo XXI, Parte II) e apenas, em parte, ferira a ordem estabelecida. Abalara o *status quo*, mas não eliminara a possibilidade de ele ser devidamente recomposto. E quando o leitor fecha o livro, o heroísmo de Arnaldo está intacto e então é possível pensar em proezas futuras, como as insinua o autor na "Conclusão".

Dentro deste arcabouço, movimentam-se personagens e tramam-se situações. Uma vez aceita a estrutura do mundo em que agem e existem, tudo é possível. O maravilhoso é o diapasão com que o romancista procura alargar as dimensões desse universo fechado, em que as pessoas existem separadas e/ou identificadas pela condição social de modo violento e radical. Não seria difícil, por isso, rastrear semelhanças com o Romance de Cavalaria.

Veja o leitor, por exemplo, as cenas de caça aos bois selvagens, emboscadas preparadas e ardis desfeitos, que preechem os dez capítulos iniciais da segunda parte do romance.

O Capítulo VII é iniciado por uma descrição de banquete, armado dentro da mata, ao qual nada falta para que sejam imaginadas gravuras de cavalgadas e caçadas medievais:

> Na ourela da mata, à sombra de umas grandes sicupiras copadas de flores roxas, tinham os criados do Capitão Marcos Fragoso arvorado um toldo de damasco amarelo, sobre estacas vestidas com o mesmo estofo de cor azul, formando assim um vistoso e elegante pavilhão.
>
> Ali estava armada a mesa, a qual, feita de improviso com quatro forquilhas e ramos, ocultava esse aspecto rústico sob as telas de seda que a fraldavam até o chão. Sobre a alvíssima toalha do melhor linho de damasco, ostentavam-se com profusão as várias peças de uma riquíssima copa de ouro, prata, cristal e porcelana da Índia, que ofereciam ao regalo dos olhos, como do paladar, os vinhos mais estimados e as mais saborosas das iguarias da época.

Um pouco mais adiante e, entre outras coisas, insistindo em cores heráldicas (amarelo, azul, branco), é do seguinte modo que se apresentam os criados encarregados de servir tais iguarias em tal pavilhão:

> Pajens do reino, vestidos de garridas librés à moda do tempo, com longos casacos de abas largas, calções e meias brancas, vieram apresentar às damas e convidados ricas bacias de prata ourada, para lavarem as mãos, entornando água de jarros do mesmo lavor e metal.

Enquanto isto ocorre, o bravo sertanejo embrenha-se por matas e riachos perigosos à caça do boi Dourado, no qual há de gravar o nome de D. Flor.

Na verdade, resistir a tentações da carne, como acontece no episódio entre o vaqueiro e a cigana Águeda, atingir objetivos separados do herói por perigos e provas, bater vilões pela força do caráter e retidão são todos elementos da estrutura do Romance de Cavalaria que surgem nesta obra em tradução romântica e sertaneja.

Mas não são apenas coincidências literárias: são realidades sociais semelhantes que se transformam em matéria de ficção nas mãos de quem, como José de Alencar, assumia uma óptica do passado – embora possuindo uma extraordinária força de fabulação.

2

Duas Vertentes de José Veríssimo*

1
A Vertente Pedagógica

Aquilo que hoje se designa como "crítica universitária", isto é, como crítica da literatura e de outras artes a partir de analistas comprometidos com a Uni-

* O primeiro texto foi publicado como introdução à 3ª edição de *A Educação Nacional*, editada pela Mercado Aberto, de Porto Alegre, em 1985; o segundo foi a introdução ao livro *Cultura, Literatura e Política na América Latina*, de José Veríssimo, organizado pelo autor e publicado pela Editora Brasiliense em 1986.

versidade – e este compromisso e a crítica dele já fazem parte mesmo de uma tradição contemporânea de questionamento dos métodos e valores da crítica, basta atentar para o que vem ocorrendo, nos países de língua inglesa, sobretudo a partir dos anos 60, com o processo a que foi submetida a Nova Crítica, ou na França, pela mesma época, a Crítica Histórica, sofrendo o impacto do Estruturalismo, ou ainda, na Alemanha, buscando-se articular Crítica Formal e Crítica Histórica através de uma Estética da Recepção ou do Efeito –, esta "crítica universitária" não parece facilmente descartável da própria definição de crítica como atividade de análise e interpretação das obras de arte.

De fato, "universitária" ou não, há em toda crítica uma certa vertente pedagógica que, por certo, às vezes, toma-se antipática por excesso dogmático ou mesmo por preocupação formadora, mas, quase sempre, representa uma possibilidade de vê-la ou tê-la como capaz de intervir mais largamente nos processos sociais e históricos que constituem o próprio cerne da Educação.

Sem desconsiderar a importância que sempre tiveram para a evolução do pensarnento crítico, e da própria arte, as reflexões dos artistas empenhados em conferir resistência teórica às suas intuições e às obras daí resultantes (e seria muito longa a relação de "poéticas" de artistas que existem para completar aquela dos pensadores mais sistemáticos), é possível dizer que a história da crítica é, quase sempre, acompanhada de uma outra história: a da formação do gosto e da sensibilidade pela análise e interpretação das obras.

Mais ainda: mesmo nas poéticas dos artistas, o que, com freqüência, lhes dá o sentido mais profundo é a articulação que se busca entre o fazer e o modo de apreendê-lo por um público a que se destina e que deve, por assim dizer, ser "educado". A educação pela arte passa necessariamente pela arte da educação, enquanto modo de vincular aspectos da personalidade que possibilitem a recepção e a própria crítica da obra de arte. Não seria, talvez, exagero lembrar aqui toda a importância que teve para as artes modernas, digamos assim as pós-românticas, o trabalho de metalinguagem desenvolvido pelos próprios artistas, a fim de possibilitar não apenas uma ampliação semântica de suas obras, como uma via de acesso aos centros de estruturação das obras.

Na verdade, mais do que se possa pensar à primeira vista e por mais que queiram as nossas teorias expressionistas, pelas mais significativas obras pós-românticas passa um teor educativo básico, isto é, não aquele que se explicita no nível semântico mas que envolve a busca, a procura, pelo modo de formar, pela estruturação.

Não é, desta maneira, por superficial oposição a uma crítica "jornalística" e de gosto (nem é preciso sublinhar que as duas coisas não se confundem) que a chamada "crítica universitária" deve ser descartada. A questão é mais complexa e, como se viu, envolve a própria qualidade educativa subjacente a toda crítica.

Seria, por certo, muito difícil escrever uma história da crítica moderna (como, por exemplo, aquela a que se vem dedicando, desde os anos 50, René Wellek, a partir do século XVIII) sem referir todo o enorme acúmulo de erudição filológica que tem baseado os estudos de Estética, de História da Arte, de Estilística etc.

O crítico e o educador, pelo menos desde o século XIX, sempre estiveram juntos: homens como Matthew Arnold, na Inglaterra, ou Brunetière e Lanson, na França, possuíam da crítica, explicitamente, uma perspectiva, por assim dizer, de formação. Para eles, sem exceção, criticar era interpretar a literatura como elemento essencial da vida cultural em sentido amplo, mesmo que isto significasse menos análise particularizada das obras e mais paixão classificatória e erudita. É claro que, neste nível, é possível fazer o processo da crítica oitocentista (como o fez, com brilho, Roland Barthes em *Sur Racine* e em *Critique et Vérité*), argüindo o viés positivista de que se achava contaminada, deixando-se levar, por isso, às dicotomias desastrosas entre História e Forma Literária.

Isto, que se pode dizer dos países-metrópoles que largamente forneceram os parâmetros para a reflexão nos países-periféricos, é ainda mais notável se se pensa na própria formação do pensamento crítico num país, como o Brasil, cuja obra de sistematização mais constante no setor ainda não tem um século.

De fato, se se toma como data limite a publicação da obra de Sílvio Romero, *História da Literatura Brasileira*, que é de 1888, percebe-se que o seu aparecimento coincide com todo um movimento que, amadurecendo na década anterior, completaria o seu ciclo com a transformação republicana no ano seguinte. O próprio autor via a sua obra antes como um trabalho de intervenção cultural *lato sensu* do que como uma criteriosa seleção das obras passadas pelo crivo da análise e interpretação.

Neste sentido, o estudo mais detido de uma personalidade intelectual como a de Sílvio Romero (o que fez, de modo magistral, Antonio Candido em sua *Introdução ao Método Crítico de Sílvio Romero*) indica o que há de tumultuário em sua formação, recebendo o impacto incessante do que ele mesmo chamava de "bando de idéias novas" e buscando articulá-las de modo coerente numa leitura não somente de obras, mas de todo o processo social e histórico que dera origem ao país em transformação.

Sílvio Romero, como se sabe, não foi o único: foi, sem dúvida, o grande paradigma crítico de todos os que se formaram entre os anos 60 e 70 do século passado e que, de uma ou outra maneira, contribuíram para a reflexão acerca do país que surgira com a República de 1889. É o caso do autor de *A Educação Nacional*: José Veríssimo Dias de Matos (1857-1916).

Se a melhor parte de sua obra de crítico atuante e de historiador literário vai surgir, sobretudo, com a sua transferência para o Rio de Janeiro, em 1891, quando, pelo *Jornal do Brasil*, então dirigido por Rodolfo Dantas, inicia uma atividade de crítica jornalística que o acompanhará até às vésperas de sua morte, através de *O Imparcial*, o seu período anterior, aquele em que começa a sua existência de escritor no Pará, seu estado natal, é rico em obras e realizações em nada desprezíveis como indicadoras substanciais de sua formação.

Quanto às obras, além dos folhetos *Emílio Littré* (1881) e *Carlos Gomes* (1882), sobressaem *Primeiras*

Páginas (1878), *Cenas da Vida Amazônica* (1886) e a primeira série dos *Estudos Brasileiros* (1889) – a segunda foi editada já no Rio de Janeiro, em 1894. Quanto às realizações, fundou e dirigiu a *Revista Amazônica* (março de 1883 a fevereiro de 1884, em dez fascículos) e o *Colégio Americano* (de 1884 a 1890), além de ter sido, neste último ano, Diretor de Instrução Pública do Estado do Pará.

Não é difícil verificar de que modo, nos textos publicados em 1878 e 1890, que constituem, por assim dizer, a sua primeira fase, o que predomina é o esforço de compreender o estado intelectual e cultural do país, seja através de estudos etnográficos (a que, de certa forma, pertencem as "ficcionalizações" das *Cenas da Vida Amazônica*), seja através de ensaios de síntese em que busca compreender, sob a inspiração das teorias evolucionistas e positivistas do tempo, a evolução da vida intelectual e da própria literatura brasileira, como nos ensaios "A Literatura Brasileira, sua Formação e Destino", "O Movimento Intelectual Brasileiro de 1873-83", "Literatura e Homens de Letras no Brasil" e "Do Nacionalismo na Poesia Brasileira", todos incluídos nos *Estudos Brasileiros*. E precisamente no fim à *Introdução*, que escreveu para este livro de 1889, afirmava:

> De fundamento e de sobejo conheço a geral e contristadora indiferença do nosso público legente pelos escritos exclusiva e essencialmente brasileiros. Esse desinteresse explico-o pela ausência de sentimento patriótico e pela artificialidade da vida das nossas capitais dominadas por elementos estrangeiros e, neste ponto ao menos, hostis; causas ambas que, por sua vez, derivam da nossa desidia de mestiços e da falta absoluta de educação nacional, qual a compreendem não só as nações tradicionalistas do velho mundo, mas também os Estados Unidos.

É a este desígnio que vão responder os dois textos escritos antes da transferência definitiva para o Rio de Janeiro e com os quais encerrava a sua fase provinciana: *A Educação Nacional*, publicado no Pará em 1890 e republicado no Rio, pela Francisco Alves, em 1906, e a *Memória* apresentada ao Governo do Estado em 1891: *A Instrução Pública no Estado do Pará em 1891*[1].

No futuro, ainda haveria de voltar ao tema educacional: sem mencionar os artigos em jomais e revistas[2], a educação, ou melhor, a instrução, juntamente

1. Pará, Tipografia de T. Cardoso, 1891, 193 pp.
2. O biógrafo do A. Francisco Prisco, chega a falar de uma obra mais longa em projeto sobre Instrução Pública, afirmando: "A Obra definitiva ficou inconclusa. Seria a *História da Instrução Pública no Brasil*, de que foram publicados alguns capítulos na revista carioca

com a imprensa, seria objeto de um longo estudo, publicado no *Livro do Centenário*, de 1900[3].

Todavia a obra de 1890 ficaria como a mais representativa e importante da vertente pedagógica do crítico. (Diga-se, entre parênteses, que a obra é hoje atravessada por três tempos diferentes: em primeiro lugar, é o texto de 1890 precedido de sua *Introdução*; em segundo lugar, é a sua reedição de 1906, com a longa e importante *Introdução*, assim como o acréscimo do capítulo sobre "A Educação da Mulher Brasileira", escrito no Rio; em terceiro lugar, a *Introdução* ao livro de 1906 reproduz extensamente o texto que escreveu, no *Jornal do Brasil*, em 1892, fazendo a crítica da Reforma Benjamin Constant.)

Escrita sob o impacto da transformação republicana, a obra era explicitamente elaborada como uma contribuição às reformas que deveriam surgir com o novo regime político. Na *Introdução* à edição de 1890, deixava ver claramente isto:

Se, diz ele, como forçoso é reconhecer, o estado moral do Brasil, e ainda seu estado material, é propriamente

Educação e Pediatria, de Franco Vaz e Alvaro Reis. São lições de um cuso feito no Pedagogium, por inspiração do diretor interino D.José Barbosa Rodrigues. Em *José Veríssimo. Sua Vida e Suas Obras*, Rio de Janeiro, Bedeschi, 1937, p.75.

3. Rio de Janeiro, Imprensa Nacional, 1900, vol. 1, pp. 5-71.

desanimador e precário e, sobretudo, está muitíssimo aquém das justíssimas aspirações dos patriotas e dos gloriosos destinos que lhe antevemos, não há tampouco negar que nem somente a monarquia e as instituições que lhe eram ministras, senão nós todos somos disso culpados. É, pois, a nós mesmos, é ao povo, é à nação que cumpre corregir e reformar se quisermos realize a República as bem fundadas e auspiciosas esperanças que alvoreceu nos corações brasileiros. Para reformar e restaurar um povo um só meio se conhece, quando não infalível, certo e seguro: é a educação, no mais largo sentido, na mais alevantada acepção desta palavra. Nenhum mais propício que este para tentar esse meio, que não querem adiado os interesses da pátria.

E o texto de Sílvio Romero, que lhe servia de epígrafe à obra, dizia ainda melhor de suas intenções: não obstante a sua experiência, quer com o ensino privado no *Colégio Americano*, quer com o ensino público na qualidade de Diretor de Instrução Pública do Estado do Pará, experiências que lhe haviam dado a medida das possibilidades de mudança pela Educação de um estado cultural muito mais amplo, a confiança ainda persistia. O "são brasileirismo", de que fala Sílvio Romero, parecia vinculado à transformação política por que passava o país.

Entretanto, o candente estudo introdutório escrito para a edição de 1906 ("A Instrução no Brasil Atualmente") deixa ver a decepção de José Veríssimo para com as reformas introduzidas pelo Primeiro Governo Republicano, sobretudo através da ação de Benjamin Constant, transferido, por conveniências políticas, do Ministério da Guerra para o então criado Ministério da Instrução, sem que estivesse preparado para o cargo.

O pessimismo que ali revelara era, mais uma vez, fundado na experiência: durante sete anos fora Diretor do Externato do Ginásio Nacional (a tradução republicana do Colégio D. Pedro II) e sentira de perto, como ele mesmo informa, a indiferença dos poderes públicos para com a educação. Por isso mesmo, chegava a recusar, demonstrando grande argúcia realista, o conceito de patriotismo firmado num ufanismo que lhe parecia desonesto, incapaz de colaborar efetivamente para a recuperação nacional: "Não sou um patriota, diz ele, ao menos não o quero ser na acepção política deste vocábulo, assevandijado pelo uso desonesto com que com ele se qualificam os mais indignos repúblicos".

O estudo introdutório à segunda edição é, deste modo, bastante elucidativo: marca não apenas a independência do autor, mas a perspectiva realista por ele assumida no trato dos problemas nacionais.

Sendo assim, é emoldurado por preocupações amplamente culturais que o livro de 1890 – hoje em sua articulação em três tempos – deve ser visto no conjunto da obra de José Veríssimo.

Nele, a Filosofia da Educação, a Pedagogia e a própria experiência de educador tecem uma rede segura de conceitos e objetivos, amarrada, como bem viu Antonio Candido, na única resenha contemporânea sobre o livro, pela "confiança na educação como fator de construção nacional – o seu escopo permanente"[4].

E o que é este livro?

Compreendendo oito capítulos – "A Educação Nacional", "As Características Brasileiras", "A Educação do Caráter", "A Educação Física", "A Geografia Pátria e a Educação Nacional", "A História Pátria e a Educação Nacional", "A Educação da Mulher Brasileira" e "Brasil e Estados Unidos" – o livro é, para dizer ainda com Antonio Candido, "claramente arquitetado, desenvolvido com segurança e entusiasmo, filiando-se à filosofia da educação mais que à Pedagogia"[5].

4. "José Veríssimo e a Educação", em Suplemento Literário de *O Estado de S. Paulo*, 13 de abril de 1957.

5. *Idem, ibidem.*

Estabelecendo distinções necessárias entre a Instrução e a Educação, em sentido amplo, vê esta, desde que pensada em bases nacionais, como o eixo em torno do qual deve girar aquela. Sem desprezar a contribuição dos modelos estrangeiros – e uma característica do livro é a excelente informação que José Veríssimo demonstra possuir acerca dos modelos ingleses, franceses, alemães e norte-americanos –, bate-se por um conhecimento mais profundo dos limites e possibilidades da cultura nacional, enquanto reflexo de características brasileiras, às quais dedica o segundo capítulo da obra.

Com uma visão nítida de nossa evolução histórica, salienta a importância dos fatores étnicos e geográficos na explicação de nossas carências. Os princípios de disciplina e o hábito do trabalho programado e sistemático – contra o qual, segundo Veríssimo, teriam atuado tanto a nossa formação mestiça quanto a herança portuguesa do trato fácil com a terra que tudo oferecia – são, por isso, para ele, a base da Educação Nacional.

Por outro lado, sem uma consciência do nosso espaço físico ou sem uma necessária perspectiva histórica de nossa evolução como povo, não vê o autor como se possa oferecer uma educação que não seja toda prejudicada pela ignorância do próprio país. Daí a História e a Geografia nacionais lhe aparecerem como pedras angulares do ensino, desde os primeiros anos de instrução.

Todavia, como estende o seu conceito de Educação Nacional a todos os níveis de formação do brasileiro, escreve um capítulo sobre a educação da mulher, evidenciando, com grande liberdade para o seu tempo, as raízes portuguesas da sujeição feminina no Brasil, sua desvinculação do processo geral da cultura e os perigos que isto representa para a educação do brasileiro de modo geral.

Fechando a obra com um capítulo sobre as influências exercidas no Brasil pelos Estados Unidos, acentua as diferenças entre os dois países (e, mais uma vez, é preciso acentuar a excelente informação de que dispunha sobre o sistema educacional norte-americano) para lembrar a necessidade de firmarmos as nossas características, a fim de podermos aproveitar, com independência, o que os Estados Unidos pudessem oferecer de útil à nossa evolução. Sem cair na xenofobia é, entretanto, cético quanto ao modelo norte-americano; embora ressalte o esforço dos Estados Unidos com relação ao estabelecimento de sua independência da Europa, não deixa de referir as grandes contradições da democracia norte-americana, sempre fundado nos autores que sobre ela escreveram páginas realistas e desapaixonadas (na verdade, grande parte deste trecho do livro é calcada nas observações que sobre a democracia americana fez Tocqueville).

Deste modo, escrito num momento em que a sociedade brasileira se preparava para transformações profundas, o livro é modelar, não somente como reflexão teórica acerca da educação no Brasil, mas, ainda, como indicador de ordens práticas que, de acordo com Antonio Candido, "só foram iniciadas, na maioria, depois das reformas dos decênios de 1920 e 1930"[6].

Jogando com um conhecimento extenso da nossa história e passando os seus pontos de vista pelo crivo da experiência pedagógica intensiva, José Veríssimo escreveu uma obra que, sobretudo no momento em que surgiu, enfrentava realisticamente as próprias bases de nossa evolução. Embora algumas de suas páginas possam parecer hoje envelhecidas (exigência da educação física como auxiliar na formação do caráter, crença na inferioridade intelectual da mulher etc.), a obra possui ricos veios de observação perspicaz e sensível.

Veja-se, por exemplo, a proposta em utilizar autores seus contemporâneos como textos que pudessem

6. *Idem, ibidem.*

substituir os clássicos (sobretudo portugueses) de sua geração, ou ainda a observação acerca da importância da qualidade gráfica dos livros escolares como veiculadores do gosto pela cultura, ou as anotações sobre a precariedade dos currículos vigentes etc. São todas observações que dão enorme atualidade à obra e que tornam difícil entender o seu desconhecimento generalizado no Brasil de hoje.

Mesmo porque, como observa Antonio Candido, *A Educação Nacional* é das obras mais avançadas e inteligentes da nossa literatura pedagógica anterior ao movimento moderno. Demonstrando senso prático, boa informação teórica e invulgar capacidade de análise das condições do meio, revela um pensador de vistas largas na matéria[7].

Transferindo-se para o Rio de Janeiro no ano seguinte à publicação do livro, as preocupações que ali desenvolvia e as soluções que apontava iam ter um cenário, daí por diante, bastante mais amplo.

Sem abandonar o magistério até os seus últimos dias (chegou, como é sabido, a ser professor de Manuel Bandeira no Pedro II), a crítica literária feita em jornais e revistas haveria de incluir um certo sentido

7. *Idem, ibidem.*

pedagógico que, em algumas páginas, exacerbando-se, deu aos seus estudos um ranço, por assim dizer, dogmático, pecando mesmo pelo excesso classificatório. Nos melhores momentos, contudo, o equilíbrio se refaz e a concepção da crítica como instrumento de orientação da cultura literária deixa ver, por sob o disfarce do escritor, o homem preocupado com a Educação e os problemas pedagógicos.

De qualquer forma, é possível dizer que, em José Veríssimo, na medida em que o pedagogo e o etnógrafo foram sendo deglutidos pelo crítico literário, assim também aqueles afloram por entre páginas especificamente literárias, compondo uma imagem coerente de intelectual que, em seu momento, lutava com formas diversas de contribuir para a construção de um modelo brasileiro de pensamento crítico.

2
A Vertente Latino-Americana

À memória de Emir Rodríguez-Monegal,
que soube ver o Brasil na América Latina.

É, como se viu, de 1890 o livro de José Veríssimo, *A Educação Nacional*. Pensado como uma contribuição à transformação republicana do ano anterior, o livro trazia um capítulo sobre a educação nos Estados Unidos, em que esta era percebida no conjunto das características históricas e sociais. A intenção básica do capítulo, todavia, é estabelecer o modo pelo qual o conhecimento das instituições educacionais norte-americanas pode ser utilizado para o caso brasileiro sem que, no entanto, se caia numa imitação servil. O primeiro parágrafo é muito claro nesta direção: "Muito é o que havemos a aprender e mesmo a imitar dos Estados Unidos, mas que isto nos não induza a pormonos simplesmente a copiá-los"[8].

Pela leitura de todo o capítulo, percebe-se, contudo, de que maneira a afirmação inicial tem um alcance muito mais amplo: tratava-se de apontar para o risco de, embalado por aquilo a que Eduardo Prado logo a seguir chamará de "ilusão americana", não identificar os motivos verdadeiros de uma dependência cultural cada vez mais acentuada com relação aos Estados Unidos.

Percebendo que o Brasil republicano poderia enveredar pela imitação do modelo norte-americano

8. *A Educação Nacional*, 2ª ed., Rio de Janeiro, Francisco Alves, 1906, p. 175.

("atualmente sente-se já que é a grande república norte-americana que nos irá servir de modelo")[9], vem o desabafo que marcará, daí por diante, as suas reflexões sobre as relações dos Estados Unidos não só com o Brasil, mas com o contexto latino-americano em geral:

> Eu, confesso, não tenho pela desmarcada e apregoadíssima civilização americana senão uma medíocre inveja. E no fundo do meu coração de brasileiro alguma coisa há que desdenha daquela nação tão excessivamente prática, tão colossalmente egoísta e tão eminentemente, perdoem-me a expressão, strug-forlifista [de *struggle-for-life* – J.A.B]. Essa civilização sobretudo material, comercial, arrogante e reclamista, não a nego grande; *admiro-a, mas não a estimo.* Esse país novo, onde há fortunas que fazem fantásticas as lendárias riquezas dos nababos, quando o proletariado, com as suas justas reivindicações, já se lobriga através de uma grandeza desmedida, ofende a minha simpleza de matuto chão e honesto. Essa política cruel que veda a um povo a entrada do país, persegue-o e lincha-o; que massacra toda uma raça; que tem uma habilidade especial para adestrar cães contra outra e que, de Bíblia na mão, discute, justifica, aplaude e exalta a escravidão, fere de frente a idéia que da eqüidade e da justiça tenho[10].

9. *Idem*, p. 176.
10. *Idem*, p. 177.

Alguns autores – dentre os quais Jean Franco[11] e R. Fernandez Retamar[12], para ficar em apenas dois – têm chamado a atenção para a coincidência entre a frase utilizada por José Veríssimo, e por mim grifada, e aquela que se encontra na obra *Ariel*, do uruguaio José Enrique Rodó, publicada em 1900.

Na verdade, referindo-se aos Estados Unidos, diz Rodó: "Su grandeza titánica se impone así, aun a los más prevenidos por las enormes desproporciones de su caracter o por las violencias recientes de su historia. Y por mi parte, ya veis que, aunque no les amo, les admiro"[13].

Não se trata aqui de marcar a precedência de José Veríssimo em relação a Rodó, mesmo porque o seu livro surgiu dez anos antes do *Ariel* uruguaio. Por outro lado, é quase impossível a hipótese de que Rodó tenha lido José Veríssimo, embora o contrário seja verdadeiro,

11. *The Modern Culture of Latin American: Society and the Artist*, Revised edition, Harmondsworth, Peguin Books, 1970, p. 62.
12. Cf. *Caliban: Apuntes sobre la Cultura de Nuestra América*, Buenos Aires, Editorial La Pleyade, 1973, p. 35.
13. Cf. *Obras Completas*, editadas con introducción, prólogo y notas por Emir Rodríguez-Monegal, 2ª ed., Madrid, Aguilar, 1967, p. 235. Existe edição brasileira: *Ariel*, trad. de Pinto de Aguiar, Salvador, Livraria Progresso Editora, s.d. (O texto citado está à p. 98).

como o prova o artigo "A regeneração da América Latina", originalmente publicado no *Jornal do Comércio*, do Rio de Janeiro, em 18 de dezembro de 1900.

Trata-se, isto sim, de apontar para uma atitude com relação aos Estados Unidos que não era isolada e cujo precursor talvez seja, como sugerem Franco[14] e Retamar[15], o brasileiro Sousândrade em seu poema "O Guesa Errante", de 1877, no canto VIII, batizado de "O Inferno de Wallstreet" por seus redescobridores Augusto e Haroldo de Campos[16], a que Jean Franco, em nota de rodapé, acrescenta o nome do cubano José Martí[17].

Na verdade, passado meio século desde a promulgação da doutrina Monroe, na década de 70, toda a América Latina começa a sentir os efeitos do nascente e arrogante imperialismo norte-americano, e não é por acaso que tanto o poeta brasileiro, quanto o cubano tenham experimentado a vida nos Estados Uni-

14. *Op. cit.*, p. 61.
15. *Op. cit.*, p. 34.
16. Em *Re-Visão de Sousândrade*. Edições Invenção, 1964, pp. 173-199. Nas "Variantes e Correções" que seguem o texto, os autores explicam que, na edição de 1877, o episódio pertencia ao Canto VIII, depois deslocado, na edição de 1880, para o Canto X. (Há uma reedição pela Nova Fronteira de 1982.)
17. *Op. cit.*, p. 62.

dos precisamente por essa época. Época em que se forma José Veríssimo (1857-1916), publicando, no fim da década, o seu primeiro livro, *Primeiras Páginas* (Pará, 1878).

A partir desta data até 1916, quando morre e é publicada, postumamente, a sua *História da Literatura Brasileira*, a sua atividade crítica é ininterrupta e compreende três momentos fundamentais: a experiência provinciana, que se estende a 1890, com a publicação da já mencionada *A Educação Nacional*; a transferência para o Rio de Janeiro e sua afirmação como crítico regular de jornais e revistas e estudioso, não só da literatura, como da etnologia e da história, em que são publicados *A Amazônia: Aspectos Econômicos* (1892), *Estudos Brasileiros: Segunda Série (1889-1893)* (1894), *A Pesca na Amazônia* (1895), *Cenas da Vida Amazônica: Nova Edição* (1899), *O Século XIX* (1899), *Pará e Amazonas: Questão de Limites* (1899) e *A Instrução e a Imprensa* (1900); finalmente, a sua última fase, que compreende a publicação das seis séries de *Estudos de Literatura Brasileira* (1901-1907), as três séries de *Homens e Coisas Estrangeiras* (1902-1910), *Que é Literatura? e Outros Escritos* (1907), *Interesses da Amazônia* (1915) e a já citada *História da Literatura Brasileira* (1916).

Pertencem à última fase os artigos desta coletânea. Todos os textos têm duas origens: ou foram publicados no *Jornal do Comércio*, do Rio de Janeiro, e depois reunidos em *Homens e Coisas Estrangeiras* (1ª e 3ª séries), ou foram publicados, como todos os demais, em *O Imparcial: Diário Ilustrado do Rio de Janeiro*, entre 1912 e 1914.

Embora alguns dos textos publicados neste último periódico tenham sido coletados pela família do crítico no volume *Letras e Literatos*, de 1936, a seleção recaiu exclusivamente sobre os artigos que tratam de literatura brasileira, ficando no jornal aqueles que abordavam problemas de cultura, literatura e política, sobretudo latino-americana de um modo geral e não apenas brasileira, e que constituem, articulados com os textos reunidos pelo autor em *Homens e Coisas Estrangeiras*, a sua, por assim dizer, vertente latino-americana.

É esta que agora se oferece ao leitor, num esforço de recompor a imagem do crítico e, ao mesmo tempo, de problematizar a *fable convenue*, de que o intelectual brasileiro não conhece ou despreza a produção de seus vizinhos hispano-americanos.

Ora, nos inícios do século XX, foram publicadas duas obras que buscavam, de modo abrangente, interpretar a América Latina: *A América Latina: Males de Origem*, de Manoel Bonfim, de 1905, e *A América Latina (Análise do Livro de Igual Título do Dr. Manoel Bonfim)*, de Sílvio Romero, de 1906.

Livros de enorme generalização, experimentos de aplicação de teorias biológicas a problemas de ordem histórico-social eram complementados por estudos, também dessa época, mais específicos acerca do conjunto social e político americano como, para citar apenas os dois analisados por José Veríssimo no artigo "O Perigo Americano", os de Oliveira Lima e Artur Orlando, ambos sobre o pan-americanismo. A que se deveria, por certo, acrescentar os textos de Joaquim Nabuco, sobretudo o seu *Balmaceda*, de 1895 (também resenhado por José Veríssimo na *Revista Brasileira*), tão argutamente estudados por Olímpio de Souza Andrade, em *Joaquim Nabuco e o Brasil na América*[18].

Deste modo, portanto, os artigos escritos por José Veríssimo fazem dele um homem de seu tempo, com a vantagem para a literatura de, à diferença dos demais, buscar incluir na reflexão sobre a América Latina a criação literária e não somente os trabalhos de

18. 2ª ed. revista, São Paulo, Companhia Editora Nacional/MEC, 1978.

ordem mais amplamente cultural ou mais estritamente política, de que também dá conta.

A esta característica, por assim dizer, externa, deve-se juntar a própria qualidade interna destes textos. E, sem dúvida, sobreleva a todas a perspectiva realista com que discute os problemas da "nuestra America" (o termo é de José Martí); realismo que se, por um lado, concorre para acentuar a sua posição não "iludida" no que concerne às relações entre os países latino-americanos e os Estados Unidos – aspecto que já foi excelentemente sublinhado por Astrojildo Pereira no ensaio "José Veríssimo sem Ilusão Americana"[19]; por outro lado, afasta-o da posição conservadora, que tanto deve à ironia de Ernest Renan, de José Enrique Rodó.

Para comprovação, basta ler o conjunto de textos que constitui a terceira parte desta coletânea, todo ele centrado na degradação da doutrina Monroe durante a presidência norte-americana de Woodrow Wilson, sobretudo com relação ao México de 1910.

Num artigo que, infelizmente, não foi possível coletar, dada a impossibilidade de sua reprodução, inti-

19. Cf. *Crítica Impura: Autores e Problemas*, Rio de Janeiro, Civilização Brasileira, 1963, pp. 82 e ss.

tulado "O Império Moral dos Estados Unidos" publicado em *O Imparcial* de 31 de maio de 1914, escreve:

> Não sei se não é preciso singular candura para acreditar na perfeita lisura dos Estados Unidos em suas relações com o resto da América. Salvo alguns dos seus estadistas interessados, *et pour cause*, em disfarçar o secreto pensamento de sua nação, não põem os norte-americanos maior cuidado em esconder a sua íntima crença no que chamam o "manifesto destino" da sua grande pátria. Este "manifesto destino", freqüentemente aludido na imprensa ianque, é o domínio, ou quando menos o predomínio, dos Estados Unidos em toda a América.

Entretanto, conhecendo e explicitando o tecido de relações entre nações desenvolvidas (como os Estados Unidos) e aquelas sujeitas aos desníveis sociais e políticos mais profundos (como as nações latino-americanas), podia afirmar, com justeza e equilíbrio, fugindo à xenofobia, no último parágrafo do artigo: "Os melhores colaboradores do 'manifesto destino' e do imperialismo norte-americano somos nós mesmos, com os nossos maus governos e a radical incapacidade de os melhorarmos".

Neste mesmo sentido, convém ler o texto "O Monroísmo Wilsoniano e a América Latina", aqui incluído na terceira parte, sobretudo o seguinte trecho:

Para defender-se do monroísmo wilsoniano, não valerão à América Latina declarações retóricas, tão ao sabor da raça, nem platônicos protestos. Cumpre-lhe ser forte, e a fortaleza, mesmo material, não lhe virá senão do abandono completo do regime de desordem e ilegalidade em que a tem conservado menos os seus povos civicamente incapazes que os seus governantes, em maioria indignos.

Se não é muito difícil traçar a linha que separa as duas primeiras partes desta coletânea da terceira, em vista da característica de resposta jornalística a acontecimentos imediatos que marca esta última, o mesmo não se pode afirmar em relação às duas primeiras partes.

Entre cultura e literatura, para a espécie de crítica praticada por José Veríssimo, a distinção quase não existe: como se pode ver, as reflexões de ordem cultural partem sempre da leitura de livros específicos e, por outro lado, as reflexões sobre obras de criação literária levam sempre a indagações culturais mais amplas.

Na verdade, esta reversibilidade é explicada pela concepção da crítica como tarefa interpretativa, isto é, criticar é interpretar os valores de que as obras são portadoras, tendo em vista a sua fixação num contexto cultural específico.

Talvez, por isso, satisfaçam menos os textos reunidos na segunda parte: as obras de criação literária, sobretudo as narrativas, são, por assim dizer, usadas para a reflexão cultural num procedimento antes de paráfrase de seus conteúdos do que de análise de suas estruturações. Mas o problema transcende os limites desta introdução e dele já me ocupei em obra anterior sobre o crítico[20].

De qualquer modo, ressalta o conhecimento que tinha José Veríssimo da literatura hispano-americana e o modo pelo qual sabia articular a sua leitura a uma problematização de valores culturais específicos, estabelecendo mesmo um esquema teórico, através do qual pensava a América Latina.

Somente isto já seria suficiente para fazer destes textos elementos fundamentais para que se possa refazer, no Brasil, a história de nossas relações intelectuais com os outros povos do continente americano.

A partir de agora, esperemos, José Veríssimo poderá ter o lugar que merece nesta história.

20. Cf. *A Tradição do Impasse: Linguagem da Crítica e Crítica da Linguagem em José Veríssimo*, São Paulo, Ática, 1974.

3

O LAOKOON REVISITADO*

Nós, pós-modernos, sabemos que a poesia não é apenas texto e que a pintura não se reduz à representação de imagens. Mas esta sabedoria tem uma longa história e traçar o seu roteiro seria acompanhar a própria história da poesia e da pintura e das reflexões sobre as duas artes.

Na verdade, o tópico tem uma larga tradição e o seu *locus* privilegiado, assim como a sua designação, está na *Arte Poética*, de Horácio: *Ut Pictura Poesis.*

* Texto publicado como prefácio ao livro *Laokoon Revisitado*, de Aguinaldo José Gonçalves, São Paulo, Edusp, 1994.

Embora originalmente utilizada, por Horácio, como uma comparação entre as duas artes, logo a expressão ganhou força de lei, como quase tudo, aliás, expresso por ele na *Epístola aos Pisões*, recebendo a sua mais forte formulação na frase famosa de Simônides de Ceos, registrada por Plutarco: "A pintura é poesia muda e a poesia é uma pintura falante".

Estava estabelecido o caminho por onde, por vários séculos, as reflexões sobre as relações entre as duas artes foram orientadas no sentido de vê-las como irmanadas na representação de imagens, mais ou menos sensuais, mais ou menos concretas, as distinções valorativas fundando-se na utilização de signos naturais ou artificiais que dominaram os momentos classicistas e românticos da arte e da literatura.

E então veio Lessing, cuja leitura do famoso conjunto escultórico em que se representava Laokoon e seus filhos, e as reflexões daí decorrentes, deram origem ao tratado, publicado em 1766, *Laokoon, ou os Limites da Pintura e da Poesia*, com o qual se deslocava a discussão das relações entre as duas artes para a questão de artes espaciais e artes temporais, criando-se, deste modo, a possibilidade de pensar as duas artes a partir do uso diferenciado de meios de expressão, através dos quais seria possível comunicar a apreensão de imagens e de aspectos da realidade. A obra de Lessing teve enorme repercussão: não apenas porque, por assim dizer, resumia um debate de muitos séculos e apontava para a sua continuidade, como ainda porque estabelecia o cânone através do qual o tópico seria considerado pelas reflexões neoclássicas e românticas. Por isso mesmo, transformou-se em obra de releitura obrigatória.

Não é de surpreender, portanto, que, em 1901, André Gide, convidado a falar na exposição dos Artistes Indépendants sobre "Os Limites da Arte", declare que "Le Laocoon de Lessing est oeuvre qu'il est bon tous les trente ans de redire ou de contredire".

Nem foi preciso esperar tanto: já em 1911, Irving Babbitt publicava *The New Laokoon*, em que procurava fazer, para a arte de seu tempo, aquilo que Lessing havia realizado para com a produção artística de sua época. A tese de Babbitt, segundo Joseph Frank que, por sua vez, em 1945, retoma o problema no ensaio "Spatial Form in Modern Literature", é de que, "assim como a confusão dos gêneros no tempo de Lessing pode ser vinculada a uma falsa teoria da imitação, da mesma maneira as aberrações artísticas de nosso próprio tempo podem ser vinculadas a uma falsa teoria da espontaneidade".

A partir de Flaubert, mais precisamente a partir da análise do efeito de simultaneidade dos chamados discursos agrícolas em cena capital de *Madame Bovary*, Frank passa a examinar o modo pelo qual a espacialidade (antes apenas reservada aos objetos de artes visuais) é elemento estruturador de algumas obras fundamentais da literatura do nosso tempo, detendo-se na prosa de James Joyce ou na poesia de Ezra Pound ou de T. S. Eliot.

A acepção com que agora é utilizado o conceito de espacialidade é de grande importância para a compreensão de toda a literatura pós-romântica, sobretudo aquela que, a partir de Mallarmé, busca romper os limites temporais da própria linguagem, assim como para a própria reflexão, por assim dizer, histórica, acerca da literatura no sentido em que, em ensaio de 1917, T. S. Eliot considerava as articulações entre o que chamava de "tradição e talento individual".

É dentro desse amplo contexto teórico que se deve ler o trabalho de Aguinaldo José Gonçalves, *Laokoon Revisitado. Relações Homológicas entre Texto e Imagem*. É, por certo, uma releitura da obra de Lessing (daí o seu título), mas é também, e sobretudo, uma releitura das leituras da obra, incluindo-se aí tanto a de Irving Babbitt quanto a de Joseph Frank, sem esquecer as aproximações classicistas de Winckelmann, de alguns pré-rafaelitas, como Ruskin ou Pater, até um Marcel Proust, que tem um lugar de destaque em seu texto.

Impressiona, por outro lado, como o autor foi buscar em textos anteriores a Lessing, como é o caso da obra do abade Jean-Baptiste Dubos, *Réflexions critiques sur la poésie et la peinture*, de 1719, ou mesmo a obra de Leonardo da Vinci, elementos para uma espécie de arqueologia concreta do problema. (E, no caso específico de Dubos, a leitura é feita de primeira mão, conforme se pode constatar pela bibliografia final, em que é mencionada a reedição do texto de 1719, e não através de fontes secundárias como costuma ocorrer.)

Por outro lado, é preciso acentuar que, às voltas com um propósito tão vasto, descrito no subtítulo da obra como "relações homológicas entre texto e imagem", o autor soube encontrar caminhos pelos quais não perde o domínio da reflexão, fazendo da digressão uma estratégia de enriquecimento e não um descaminho teórico, assim como marcando os seus passos de modo objetivo através da leitura, agora contextualizada pelos propósitos do ensaio, de poemas ou obras pictóricas de enorme tradição, tais como as de Corot, Courbet ou Baudelaire, Cézanne e Mallarmé.

Desse modo, embora o ensaio esteja dividido em dois grandes blocos – o primeiro, dedicado à evolução do tópico e o segundo, à análise de obras –, quando o leitor chega ao capítulo que inicia a segunda parte, aquele que é uma leitura de trecho de *À Sombra das Raparigas em Flor*, de Marcel Proust, já passou pela leitura de algumas obras de criação dentro mesmo da primeira parte, dedicada à evolução do tópico do *ut pictura poesis*.

Na verdade, creio que é este movimento de imbricação das partes que garante o rigor das reflexões, a sensibilidade que atua na percepção dos detalhes de construção, sem perder a intuição para o conjunto, e a naturalidade com que vão surgindo as conclusões. O ponto de vista teórico é, por assim dizer, controlado pela experiência concreta da análise, da mesma forma que esta é informada e desdobrada pela leitura das teorias.

Dessa maneira, se a última parte, a das análises de obras, é dominada pelos três pares de obras poéticas e pictóricas modernas, Oswald de Andrade e Mondrian, Manuel Bandeira e Magritte, João Cabral e Miró, ela surge atravessada e iluminada por aquilo que se foi semeando por todo o ensaio como preocupação básica, isto é, um modo de ultrapassar dicotomias entre as duas artes, de fazer com que as correspondências baudelairianas e as analogias mallarmeanas sejam resgatadas pela dialética das homologias.

A proposição mais polêmica e inventiva do ensaio está precisamente em indicar de que modo, à medida que as duas artes iam encontrando as suas especificidades, e por isso se diferenciando, sobretudo a partir do período pós-romântico, simbolista e impressionista, mais viabilizavam o movimento de comparação entre elas. Simplesmente porque agora não se tratava mais de apontar o grau de elementos pictóricos veiculados pela poesia ou de elementos poéticos, pela pintura, mas de buscar as estruturações de linguagem comuns a cada uma das artes e diversas em suas realizações individuais.

É o objetivo central do autor nessa última parte do ensaio: não comparar apenas as expressões de poetas e pintores, mas de mostrar como a análise de texto e imagem pode articular a leitura mais intensamente individualizadora, sem perda da abrangência própria do gesto comparativo. E de tal maneira o autor consegue a plena realização desse objetivo que a plasticidade dos poetas ou a poeticidade dos pintores lidos, e agora relidos sob a óptica de um *ut pictura poesis* revisitado, ou vistos e revistos sob a mesma óptica, passam a ter, para o leitor do ensaio, uma existência natural, participantes de uma experiência totalizadora da arte e da literatura.

Não é que Manuel Bandeira leia Magritte em seu texto, nem que o mesmo ocorra com os outros dois poetas e pintores: é que os seis percebem aspectos da realidade, que, transformados por suas linguagens ou transformando suas linguagens, se traduzem em textos e imagens, cujos dispersos resíduos, fragmentos de uma expressividade, são agora recuperados pela leitura comparativa.

Desse modo, por entre as imagens e os textos fragmentários, a releitura agora efetuada permite pressentir, quase sentir, a existência daquela imagem e daquele texto para os quais tudo conflui e que só a comparação pode esboçar a figura sempre evanescente. Texto e imagem: traduções sempre aproximadas da Arte.

4

UMA ANTOLOGIA DE THOMAS MANN*

Se este prefácio pudesse ser escrito por Anatol Rosenfeld, que selecionou os ensaios de Thomas Mann para este volume, o leitor certamente sairia ganhando duplamente: teria esclarecidas as razões da escolha e, não menos importante, leria mais um texto do grande ensaísta, autor do admirável volume *Texto/Contexto*, editado também pela Perspectiva.

Diante da cruel irreversibilidade da morte, resta especular. Antes, no entanto, uma certeza que resulta

* Texto publicado como prefácio ao livro *Ensaios*, de Thomas Mann. São Paulo, Perspectiva, 1988.

da leitura que se fizer dos vários ensaios de Anatol Rosenfeld: a de que a experiência novelística, assim como as reflexões teóricas de Thomas Mann, como se sabe dificilmente isoláveis na atividade de escritor dele, atravessam a obra do crítico brasileiro de ponta a ponta. Basta, pelo menos, nomear duas linhas de inquietação, mais do que de reflexão, que são constantes na obra de Thomas Mann: por um lado, aquilo que um ensaísta, Erich Heller, chamou de "alemão irônico", isto é, o modo pelo qual Thomas Mann buscava nas diferenças e semelhanças culturais o que pudesse ajudálo a configurar uma especificidade germânica, tudo passado pelo crivo da ironia que o entroncava na grande tradição romântica; por outro lado, e quase como uma decorrência do substrato irônico, a grande intensidade de auto-reflexão que carrega os textos de ficção dele para o mundo vertiginoso da paródia e da crítica cultural.

Ora, pela leitura dos ensaios de Anatol Rosenfeld, não é difícil ver como estas duas constantes de inquietação aparecem traduzidas por força de uma experiência cultural de deslocamento (o intelectual de formação alemã que escreve no e sobre o Brasil, sem perder o traço enviesado que, tendo origem psicológica, faz a beleza da prosa dele) e, ao mesmo tempo, conferem às reflexões teóricas uma espécie de dramaticidade, muito ajustada a quem tanto escreveu sobre teatro.

Leitor de Thomas Mann, como não poderia deixar de ser, Anatol Rosenfeld cava fundo nos textos dele, com freqüência estabelecendo correlações teóricas inesperadas e iluminadoras, a partir daquilo que o romancista deixara apenas esboçado, meditação marginal no trabalho de criação romanesca. Exemplo notável disto é o ensaio que escreveu sobre o romancista, "Thomas Mann: Apolo, Hermes, Dioniso", que faz parte do referido *Texto/Contexto*, onde, começando por uma leitura localizada do problema da máscara nas *Confissões do Impostor Felix Krul* (problema, no demais, tematizado em todo o volume), amplia a reflexão para uma definição teórico-crítica não apenas da obra de ficção, mas daquilo que identifica intelectualmente o escritor nas relações dele com a tradição cultural, fechando-se o ensaio com anotações de teor biográfico – as origens latinas, brasileiras, do romancista – que somente intensificam aquela dramaticidade ensaística já nomeada. (Anote-se, entre parênteses, que, neste volume encontra-se uma referência ao segundo texto desta antologia, "Doce Sono", no seguinte comentário de Anatol Rosenfeld:

Num pequeno ensaio, Thomas Mann fala do "doce retorno ao regaço da noite" e do "móvel metafísico", o leito onde repousamos "de joelhos encolhidos como outrora na escuridão do ventre materno, religados por assim dizer ao cordão umbilical da natureza".)

Outro exemplo deste modo de Anatol Rosenfeld ler Thomas Mann encontra-se no ensaio sobre a ficcionalidade da obra literária, escrito para um volume coletivo sobre personagem (também editado pela Perspectiva sob o título de *A Personagem de Ficção*), em que o processo de criação em Thomas Mann, sugerindo conexões com modelos de realidade, é pensado nos limites ontológicos de tradutibilidade entre dados da realidade, linguagem e criação ficcional.

Este modo de trabalhar com a literatura, aliás, parece ser uma constante em Anatol Rosenfeld: a fertilização permanente entre uma erudição teórica e filosófica absorvida intensamente, chame-se Hartmann ou Ingarden, e a experiência concreta da obra de arte literária, em que o leitor não se desfaz da subjetividade dele, mas instaura a intersubjetividade, chame-se Brecht, Kafka, Thomas Mann, Mário de Andrade ou Augusto dos Anjos.

Por aí, talvez, se possa cogitar de uma das razões da escolha dos ensaios de Thomas Mann que compõem este volume: a articulação entre textos mais ambiciosamente teóricos ("A Arte do Romance" e "O Artista e a Sociedade"), meditações de ordem psicológica e cultural ("Doce Sono" e "Louvor à Transitoriedade") e, finalmente, a leitura de autores (Tchékhov, Goethe, Tolstói, Freud e Cervantes) em que se misturam biografia, autobiografia, anotações estilísticas, memórias pessoais e literárias e erudição crítica.

Deste modo, creio que o organizador do volume pretendia oferecer ao leitor brasileiro não apenas o Thomas Mann apolíneo dos grandes romances, mas quer o dionisíaco das pequenas meditações, quer o leitor do "sofrimento e grandeza" daqueles escritores, que alimentaram a reflexão e imaginação dele, para usar a expressão que intitula o volume original de onde foram extraídos os ensaios sobre estes autores, com a única exceção daquele sobre Cervantes.

Não obstante as distinções entre os ensaios, por todos passa aquele modo épico de perceber a literatura que, qualificado por ele mesmo como essencialmente irônico e objetivo, é o de Thomas Mann. Basta citar um trecho do primeiro ensaio deste volume:

A arte épica é uma arte "apolínica", como diz o termo estético; pois Apolo, o que atinge longe, é o deus do remoto, o deus da distância, da objetividade, o deus da ironia. Objetividade é ironia e o espírito épico da arte é o espírito da ironia. Vocês ficarão perplexos e perguntarão: Como, objetividade e ironia, o que tem uma com a outra? Não é a ironia o oposto da objetividade? Não é ela uma atitude altamente subjetiva, o ingrediente de um libertinismo romântico que se opõe a toda a calma clássica e ao realismo? Isto é correto. A ironia pode ter este significado. Mas emprego esta palavra aqui num sentido mais amplo e maior do que lhe confere o subjetivismo romântico. É um sentido quase monstruoso em sua serenidade: o sentido da própria arte, uma afirmativa universal, que justamente como tal é também uma negativa universal; um olhar evidente e alegre abrangendo o todo, precisamente o olhar da arte, quer dizer, o olhar da mais alta liberdade, da calma e de um realismo não turvado por qualquer moralismo. Foi o olhar de Goethe – um artista de tal categoria que disse sobre a ironia a frase singular e inesquecível: "Ela é o grão de sal que dá sabor à refeição". Não é à toa que, durante sua vida, foi um tão grande admirador de Shakespeare; pois no universo dramático de Shakespeare domina de fato esta ironia universal da arte, o que parecia tão condenável aos olhos do moralista que Tolstói se esforçou para ser. Refiro-me a ela quando falo sobre o objetivismo irônico do épico. Não devem pensar em frieza e falta de amor, em troça e escárnio. A ironia épica é muito mais uma ironia do coração, uma ironia cheia de amor; é a grandeza cheia de ternura para com o pequeno.

É por certo esta perspectiva que fundamenta quer o modo pelo qual explora as biografias de Goethe e Tolstói para uma leitura abrangente das relações entre a arte e as formas culturais na passagem entre os séculos XVIII e XIX: aquilo que as articula é uma pungente noção da temporalidade; quer a sabedoria artesanal do teatro de Tchékhov, resgatado também pela biografia do escritor, em páginas comovidas e agitadas pelo sopro épico. É, sobretudo, o que serve de base para a leitura de viagem que faz da obra de Cervantes: em nenhuma outra obra, Thomas Mann poderia encontrar melhor caracterizada aquela ironia épica que era, para ele, "a grandeza cheia de ternura para com o pequeno".

Trata-se, por isso, de um ensaio fundamental sobre o Dom Quixote e é estranho que não seja sequer mencionado na obra rica de informações como é a de J. J. A. Bertrand, *Cervantes no País de Fausto.*

Como pode ver o leitor desta antologia, o motivo da leitura do Dom Quixote é a viagem marítima, em 1934, entre a Alemanha e os Estados Unidos – a primeira que fazia o romancista nos inícios das atribulações da Segunda Guerra Mundial. A escolha de Cervantes, mais ainda do Cavaleiro da Triste Figura, como companheiro de viagem, na tradução de Tieck, conforme informa o romancista, é emblemática: para o nórdico Thomas Mann, ainda que um nórdico salpicado de traços latinos pelo lado materno, a leitura do escritor hispânico por excelência instaurava a viagem dentro da viagem, à marítima acoplava-se a da imaginação.

Mais ainda: na obra de Cervantes, ele encontrava o alimento intelectual para uma reflexão acerca da própria identidade germânica da cultura dele. A forma de diário escolhida para o registro da leitura, ou das leituras interrompidas pelas atividades de bordo, ainda mais colabora nesta direção: maneiras de ser alemão em confronto com passageiros de outras nacionalidades (no navio respira-se uma atmosfera de clausura civilizada como em *A Montanha Mágica*, em contraste, agora, com a amplidão do mar e não montanhas), anotações sobre hábitos e manias de regularidade e de sociabilidade, tudo é pensado no momento em que as anotações se voltam para as reflexões acerca das aventuras de Dom Quixote e Sancho.

Como antes, no século XIX, o russo Turguéniev buscara no admirável paralelo entre Hamlet e Dom Quixote uma explicação para o modo de ser eslavo, agora Thomas Mann procura nas reflexões sobre a Espanha, mas uma Espanha do imaginário cervantino e, por isso, talvez mais forte, uma pista para a autodefinição de um escritor germânico à beira do tormento da época que lhe foi dada viver. No substrato mais íntimo do ensaio, trava-se uma bela luta entre o apolíneo e o dionisíaco que conviviam no romancista. Por isso, um dos mais instigantes momentos do ensaio é o que está na última página, em que Thomas Mann, logo depois de referir a cena do encontro de Dom Quixote com os leões e pensar nos limites entre a prudência e a covardia, relata o sonho que teve na véspera de chegar ao porto e destino. Eis o registro:

> Sonhei também de noite [...] e procuro lembrar do sonho que proveio da minha leitura de viagem. Sonhei com Dom Quixote, era ele mesmo e eu falei com ele. Assim como é diferente a verdade, quando ela se nos apresenta, daquela imagem que dela se fez, assim ele pareceu diferente dos desenhos: tinha um bigode grosso e espesso, uma testa alta e sob as igualmente espessas sobrancelhas, olhos cinzentos e quase cegos. Apresentou-se não como o cavaleiro dos leões, mas como Zaratustra. Era tão delicado e amável que eu, com indescritível comoção, recordei as palavras que tinha lido ontem: "Pois este homem em todo o tempo que se chamou Alonso Quixano, o Bom, e também quando era Dom Quixote de la Mancha, sempre foi de índole afável e de relações gentis, e por isso era estimado não só em sua casa, mas também por todos quantos o conheciam". Dor, amor, compaixão e veneração ilimitada me encheram com-

pletamente, ao se tornar para mim real essa característica e, como que em sonho, vibrar em mim nesta hora da chegada.

O sonho de Thomas Mann é um bom final para este livro: basta ver na descrição do Dom Quixote de sonho a figura de Nietzsche, embora este já esteja presente na metonímia de Zaratustra.

A ternura épica da grande obra de Cervantes é o contraponto de que precisava o germânico Thomas Mann, o leitor de Schopennhauer, que agora fazia presente, ainda que em sonho, a figura tutelar de Nietzsche, o grande problematizador da identidade alemã.

5

PERMANÊNCIA E CONTINUIDADE DE PAUL VALÉRY*

Confesso que tenho certa dificuldade em começar a escrever estas páginas introdutórias. E por duas razões essenciais. Em primeiro lugar, porque sendo o organizador desta coletânea de textos de Paul Valéry (1871-1945), devo esclarecer, para o leitor eventual, as razões das escolhas; em segundo lugar, o que é ainda mais importante, porque é sempre muito difícil escrever, sem o tumulto da admi-

* Este texto foi a introdução para o livro de Paul Valéry, *Variedades*. São Paulo, Iluminuras, 1991, organizado pelo autor.

ração, sobre uma obra com a qual se tem convivido por tantos anos, a ponto de não se saber exatamente por onde começar, sem que perdure a incômoda sensação da arbitrariedade.

A tudo isso, acrescente-se a enorme complexidade da obra de Valéry e se tem o quadro mais ou menos completo de dificuldades com que me defronto. Creio que o jeito é mesmo ir por partes.

Para começar, uma observação de cunho editorial que, no entanto, dirigiu, em grande parte, a escolha dos textos: esta é a primeira coletânea de escritos em prosa de Valéry que se publica no Brasil e, por isso mesmo, optou-se por seguir de bem perto a "variedade" com que sempre buscou caracterizar as suas reflexões em prosa. (*Variété* foi o título escolhido por Valéry para nomear as várias reuniões que fez daquelas reflexões a partir de 1924.)

Sendo assim, as quatro partes que compõem esta coletânea seguem a divisão proposta no primeiro volume das *Oeuvres*, publicadas por Gallimard, em 1957, sob o título geral de *Variété: Études Littéraires*, *Études Philosophiques*, *Essais Quase Politiques* e *Theórie Poétique et Esthétique*. Na edição Gallimard, existem ainda duas outras partes, *Enseignement* e *Mémoires du Poète*, que não foram incluídas nesta coletânea, com a única exceção do texto *Acerca do Cemitério Marinho*, pertencente à última parte.

Finalmente, é preciso dizer que, no projeto inicial desta coletânea, havia ainda uma segunda parte, intitulada *Vistas*, que seria composta por apenas dois textos, *Como Trabalham os Escritores* e *Centenário da Fotografia*. O título adotado era a tradução literal do volume *Vues*, da coleção "Le Choix" de *La Table Ronde*, publicado por J.B. Janin éditeur, em 1948, reunindo numerosos textos não incluídos na edição Gallimard, o último dos quais, *Ultima verba*, foi escrito meses antes da morte do poeta e no qual é possível detectar ecos do fim da Segunda Guerra Mundial. Razões editoriais não permitiram a inclusão desses textos nesta coletânea.

Todavia, os quinze textos que a constituem podem servir como introdução ao rico universo de Paul Valéry, embora seja sempre possível apontar ausências, sobretudo para aquele leitor que já é familiarizado com a obra em prosa do poeta. Assim, alguns dos famosos ensaios que compõem os *Regards sur le monde actuel*, as suas *Pièces sur l'art*, alguma coisa dos *Dialogues* ou de *Tel Quel*, sem esquecer trechos dos *Cahiers*. Não é, entretanto, o leitor que vai sentir falta de alguns dos *Mauvaises Pensées et autres* que visa, antes de tudo, esta antologia.

Para este leitor, existe a obra original. Sem desprezar o prazer que o leitor habitual do poeta possa vir a encontrar na leitura destes ensaios traduzidos para o português, o leitor-alvo é, sobretudo, aquele que possa descobrir agora o pensamento de Valéry. E isto explica as outras razões de escolha.

A abertura do livro se dá pelos ensaios propriamente literários, indo desde Villon até o Simbolismo (centrado, como não poderia deixar de ser, em Mallarmé), passando por Goethe, Nerval, Baudelaire e Flaubert. Entre esta primeira parte e a última – onde estão concentrados os textos de poética de Paul Valéry – quatro textos revelam as singulares aproximações de Valéry a temas de Filosofia e Política. Acredito que, deste modo, fica assegurada a variedade dos escritos de Valéry, sem a perda daquilo que, na variedade, é recorrência reflexiva e procura do rigor de um pensamento, antes de mais nada, poético.

Pode-se dizer, por outro lado, que este é um dos grandes temas da obra de Paul Valéry e foi magistralmente sintetizado por Italo Calvino:

> Dentre os valores que eu gostaria de passar ao próximo milênio está, acima de todos, este: uma literatura

que tenha absorvido o gosto pelo ordenamento mental e pela exatidão, a inteligência da poesia, mas, ao mesmo tempo, da ciência e da filosofia: uma inteligência como a de Valéry enquanto ensaísta e prosador.

Calvino aponta Jorge Luis Borges como aquele "escritor de ficção que realizou perfeitamente o ideal estético de Valéry de exatidão na imaginação e na linguagem, criando obras que combinam a rigorosa geometria do cristal e a abstração do raciocínio dedutivo".

A intuição de Italo Calvino é certeira ao assinalar a continuidade Valéry / Borges, mas, sem dúvida, uma figura se desenha na base dessa tradição: a de Edgar Poe, e que T. S. Eliot soube apreender no ensaio *From Poe to Valéry*, de 1948.

Arrisco mesmo a dizer que esta figura central não estava longe das considerações de Italo Calvino: uma pista segura neste sentido, embora pareça uma ficção borgiana, é a sexta das *Norton Lectures* que ele não chegou a completar, e por isso não se inclui no livro de que citei o texto mencionado, mas cujo título, de traço quase ilegível na reprodução do manuscrito feita por sua mulher e editora das *Lectures*, estabelece uma inesperada e fundamental relação entre Calvino, Valéry e Poe: *Consistência*.

Na verdade, sabe-se hoje que o primeiro ensaio crítico de Paul Valéry, *Sur la technique littéraire*, de 1889, sendo uma reflexão sobre os efeitos a serem atingidos pela poesia e os meios de controle de que dispõe o poeta para tal fim, é, sobretudo, uma leitura da *Filosofia da Composição*, de Poe, iniciando-se do seguinte modo:

> A literatura é a arte de se representar a alma dos outros. É com esta brutalidade científica que nossa época viu se pôr o problema da estética do verbo, isto é, o problema da Forma. Dados uma impressão, um sonho, um pensamento, é preciso expressá-los de tal modo que se produza na alma do ouvinte o máximo de efeito – e um efeito inteiramente calculado pelo Artista.

Trinta e dois anos mais tarde, em 1921, escrevendo a introdução para a tradução de *Eureka*, de Poe, por Baudelaire, fará referências àqueles encontros de juventude com a obra do poeta norte-americano: "J'avais vingt ans, et je croyais à la puissance de la pensée". E de como a obra de Poe vinha, para o jovem poeta, preencher uma lacuna que detectava na tradição francesa da Poesia: "Lucrèce, ni Dante, ne sont Français. Nous n'avons point chez nous de poètes de la connaissance".

Estes seriam, para ele, aqueles poetas que realizariam "obras de grande estilo e de uma nobre severidade, que dominam o sensível e o inteligível". Este domínio, que era para Poe o domínio da poesia e da verdade, só se atinge pela consistência. Diz Valéry: "Para atingir o que ele chama de verdade, Poe invoca o que ele chama de consistência" e, em seguida, melhor explicitando o conceito:

> No sistema de Poe, a consistência é simultaneamente o meio da descoberta e a própria descoberta. Eis um admirável projeto; exemplo e prática da reciprocidade de apropriação. O universo é construído sobre um plano cuja simetria profunda está, de algum modo, presente na estrutura íntima de nosso espírito. O instinto poético deve conduzir-nos cegamente à verdade.

Seria esta "tentativa muito precisa de definir o universo por propriedades intrínsecas", como diz em outra passagem Valéry, que estaria sob o traço quase apagado do título da conferência não escrita por Italo Calvino? Aquela proposição de *Eureka*, citada e glosada por Valéry, em que se lê: "Cada lei da natureza depende em todos os pontos de outras leis?" Jamais saberemos: segundo sua mulher, e editora das *Lectures*, a sexta conferência havia recebido o título de "Consistência", fora pensada, mas somente seria escrita em Harvard, onde Calvino não chegou, pois a morte o colheu antes.

De qualquer modo, as conjecturas acerca de uma linha de relação fundamental Poe/Valéry/Calvino não apenas se justificam a partir daquilo que é dito sobre Valéry na última conferência publicada (Multiplicidade), já mencionado, como, ainda, se atentarmos para o fato de que a novela de Calvino, *Palomar*, de 1983, isto é, um ano antes de ter começado a pensar nas *Charles Eliot Norton Lectures* é uma óbvia alusão ao sistema do *Monsieur Teste*, de Paul Valéry.

Entre as referências à cabeça, do Senhor Teste de Valéry, e o telescópio, do Senhor Palomar de Calvino, passa toda uma crítica à tradição dos sistemas que procuram explicar as relações entre o eu e o mundo pela construção de mecanismos de percepção em que o sensível e o inteligível estabeleçam domínios de interação mútua, tal como já se delineava nas reflexões de *Eureka*, que Edgar Poe queria que fossem lidas como um poema. Um poema a Lucrécio, de quem Valéry sentia falta na tradição francesa de poesia, e que se definisse como poesia do conhecimento. O próprio Paul Valéry vai preencher esta lacuna da tradição, ao publicar, em 1917, *La Jeune Parque* e, em 1920, *Le Cimetière Marin*. Mas estes poemas, assim como outros que constituem o volume *Charmes*, de 1922, são, por assim dizer, catalizações de uma reflexão incessante que tem o seu início com a composição de *La Soirée avec Monsieur Teste*, em 1894, mas só publicado em 1896, o primeiro dos dez textos que hoje compõem o *Ciclo Teste*, e a de um outro ensaio essencial, *Introdução ao Método de Leonardo da Vinci*, de 1894.

Este ano da década de 90 é ainda muito importante por um outro motivo: são de 1894 as primeiras páginas dos *Cahiers* que hão de ser a sua obra permanente até 1945, ano de sua morte. Basta ler estas páginas iniciais, as páginas do *Journal de Bord* a que Valéry chamou de *Pré*-Teste sob a data de 1894, para reconhecer, entre fragmentos, a linha de reflexão influenciada por Edgar Poe e que já se revelara no texto sobre a técnica literária de 1889.

Trata-se, antes de mais nada, de, sob o controle da consciência, daquela consciência que fazia, pela mesma época, surgir a sombra de Descartes na epígrafe de Teste, buscar simetrias e reciprocidades entre as artes e as ciências, ou, mais precisamente, entre as artes verbais e as ciências da exatidão, como a matemática e a física.

É o início também da busca pelo rigor, sem a perda da sensibilidade, de que Senhor Teste é a impossibilidade caricatural e Leonardo, o arquétipo da realização bem-sucedida.

Sendo assim, é possível compreender que, logo na primeira página dos *Cahiers*, lado a lado, venham uma enumeração dos nomes de Faraday, Maxwell e Edison e um quase-poema, que aponta para as origens mediterrâneas do autor: "Portion de famille / Son sang, le mien / Passion". Não é, portanto, por acaso que tenha elegido Leonardo como modelo para aquele tipo de inteligência que buscava nos inícios de suas reflexões:

> Nele eu via o personagem principal desta *Comédia Intelectual* que não encontrou até aqui o seu poeta, e que seria, para meu gosto, bem mais preciosa ainda do que *A Comédia Humana* ou mesmo *A Divina Comédia*.

Qual a razão, entretanto, desta importância atribuída a Leonardo? Responde Valéry:

> Eu sentia que este mestre de seus meios, este possuidor do desenho, das imagens, do cálculo, tinha encontrado a atitude central a partir da qual as empresas do conhecimento e as operações da arte são igualmente possíveis; as trocas felizes entre a análise e os atos singularmente prováveis: pensamento maravilhosamente excitante.

Mas isto tudo é dito em texto de 1919 (*Note et Digression*) e não na *Introdução*, de 1894. Nesta, o objetivo primordial era a revelação de um método que se traduz por aquela "atitude central" do ensaio de 1919: a perspectiva a partir da qual o domínio dos meios artísticos, das técnicas e das ciências se respondem mutuamente pela instauração daquilo que Valéry chama de "lógica imaginativa ou analógica", e que se funda, segundo ele, no encontro de relações "entre coisas cuja lei de continuidade nos escapa". Leonardo, como Poe, a quem Valéry recorre quase ao fim da *Introdução* (quando, pela primeira vez, alude à imagem da máquina para falar da obra de arte: "uma máquina destinada a excitar e a combinar as formações individuais destes espíritos"), foi daqueles a quem esta "lei de continuidade" não escapou e, por isso, a unidade de seu método está baseada nas operações da analogia, "vertigens da analogia", como diz Valéry, vinculadas à consciência daquelas operações, somente excepcionalmente atingida. Daí a observação: "A consciência das operações de pensamento, que é a lógica desconhecida de que falei, não existe senão raramente, mesmo nas mais fortes cabeças".

As anotações disseminadas pelos *Cahiers* apontam para a incessante busca daquela consciência e, durante muitos anos, ao menos até a publicação de *La Jeune Parque*, em 1917, os poemas não serão senão momentos de intervalo e de experimentação com a linguagem da poesia, para tomar o pulso das operações capazes de articular o sensível e o inteligível.

Neste sentido, como não podia deixar de ser, as reflexões sobre linguagem, e não somente a da poesia, são centrais para o desenvolvimento do pensamento de Valéry. Veja-se, por exemplo, o texto que, ainda nessa década dos 90, mais precisamente em 1898, publicou, no *Mercure de France*, sobre a "ciência das significações" de Michel Bréal, contida no livro *La sémantique*. Pode-se mesmo dizer que a maior parte das anotações que compreendem os seus primeiros *Cahiers*, de 1894 a 1914, corresponde a indagações sobre a significação das linguagens, sejam as verbais, sejam as das matemáticas e da filosofia. (Por isso mesmo, seja dito entre parênteses, não é de estranhar a comparação, que tem ocorrido a mais de um crítico de Valéry, entre ele e Wittgenstein.)

Na verdade, quando, a partir de 1912, começar os primeiros esboços de *La Jeune Parque*, as explorações da linguagem da poesia assumem para sempre, em sua obra, este viés: um modo de tornar inteligível, para usar a sua própria expressão, a "hesitação entre o som e o sentido". É precisamente nesta "hesitação", fazendo ecoar possibilidades significativas e, ao mesmo tempo, assegurando a tensão entre o sensível e o inteligível, que Valéry procurou descortinar a viabilidade de uma "poesia pura", isto é, uma poesia cujo significado é antes a percepção do espaço que se constrói entre som e sentido, sua "hesitação" do que a partilha entre um e outro. É, de certo modo, o que se pode ler no ensaio *Poesia e Pensamento Abstrato*, na última parte desta coletânea:

> Entre a Voz e o Pensamento, entre o Pensamento e a Voz, entre a Presença e a Ausência oscila o pêndulo poético. Resulta dessa análise que o valor de um poema reside na indissolubilidade do som e do sentido. Ora, eis uma condição que parece exigir o impossível. Não existe qualquer relação entre o som e o sentido de uma palavra. A mesma coisa se chama HORSE em inglês, IPPOS em grego, EQVVS em latim e CHEVAL em francês; mas nenhuma operação sobre qualquer um desses termos me dará a idéia do animal em questão; nenhuma operação sobre essa idéia me levará a qualquer dessas palavras – caso contrário saberíamos facilmente todas as línguas, a começar pela nossa. E, contudo, a tarefa do poeta é nos dar a sensação de união íntima entre a palavra e o espírito.

Em *La Jeune Parque*, como muito bem soube ver o seu admirável tradutor brasileiro, Augusto de Campos, Valéry cria a distinção entre Eu e Mim (*moi* e, sempre grafado, MOI) para acentuar a dependência entre poeta e poema, entre eu e linguagem, por onde passa a recorrente identidade: "Mystérieuse MOI, pourtant, tu vis encore! / Tu vas te reconnaître au lever de l'aurore /Amèrement la même..." (Tradução de Augusto de Campos: "Misteriosa MIM, teu ser ainda persiste! / Quando volver a aurora vais rever-te: triste- / mente és a mesma...").

No ensaio de 1939, a distinção entre a linguagem da prosa e a da poesia está precisamente em que a primeira se esgota na compreensão, por onde se transforma em outra coisa, enquanto,

> ao contrário, o poema não morre por ter vivido: ele é feito expressamente para renascer de suas cinzas e vir a ser indefinidamente o que acabou de ser. A poesia reconhece-se por esta propriedade: ela tende a se fazer reproduzir em sua forma, ela nos excita a reconstituí-la identicamente.

E finalmente, ainda do mesmo ensaio, estas palavras iluminadas com que se delineia mais fortemente a diferença entre poesia e prosa:

> Assim, entre a forma e o conteúdo, entre o som e o sentido, entre o poema e o estado de poesia, se manifesta

uma simetria, uma igualdade de importância, de valor e de poder que não existe na prosa; que se opõe à lei da prosa – que decreta a desigualdade dos dois constituintes da linguagem. O princípio essencial da mecânica poética – isto é, das condições de produção de estado poético pela palavra – é a meus olhos esta troca harmoniosa entre a expressão e a impressão.

Daí dois corolários fundamentais da poética de Valéry: o poema como "uma espécie de máquina de provocar o estado poético por meio de palavras" e o seu hábito confesso de estar "mais atento à formação ou à fabricação das obras do que às próprias obras [...], de não apreciar as obras senão como ações".

O que, naturalmente, o levava a recusar o princípio generalizado da inspiração, transferindo-o do poeta para o leitor ou receptor da poesia:

> Um poeta – não se choquem com a minha proposição – não tem por função fazer sentir novamente o estado poético: isto é assunto privado. Reconhece-se o poeta – ou, pelo menos, cada um reconhece o seu – pelo simples fato de que ele transforma o leitor em "inspirado". A inspiração é, falando positivamente, uma atribuição graciosa que o leitor faz a seu poeta: o leitor nos oferece os méritos transcendentes dos poderes e das graças que se desenvolvem nele. Ele procura e encontra em nós a causa maravilhosa de seu deslumbramento.

Nas últimas frases do ensaio, todavia, é recuperado aquilo que um Roger Shattuck percebeu como elemento de vinculação essencial, em Valéry, entre obra e vida: a poesia como "ato de espírito" e que, de alguma maneira, faz ressoar aquela "atitude central" que o próprio Valéry apontava em Leonardo. Diz Valéry:

> Talvez achem minha concepção do poeta e do poema muito singular? Mas tentem imaginar o que supõe o menor de nossos atos. Imaginem tudo o que deve se passar no homem que emite uma pequena frase inteligível, e avaliem tudo o que é preciso para que um poema de Keats ou de Baudelaire venha a se formar sobre uma página vazia, diante do poeta. Considerem também que, entre todas as artes, a nossa é talvez a que coordena o máximo de partes ou de fatores independentes: o som, o sentido, o real e o imaginário, a lógica, a sintaxe e a dupla invenção do conteúdo e da forma... e tudo isso por intermédio desse meio essencialmente prático, perpetuamente alterado, profanado, desempenhando todos os ofícios, a linguagem comum, da qual devemos tirar uma Voz pura, ideal, capaz de comunicar sem fraquezas, sem aparente esforço, sem atentado ao ouvido e sem romper a esfera instantânea do universo poético, uma idéia de algum Eu (*moi*), maravilhosamente superior a Mim (*Moi*).

Não passa por aqui alguma coisa daquela reciprocidade entre sistemas que o próprio Valéry fisgava como essencial no conceito de *Consistência*, de Edgar Poe? Ou aquela "lógica imaginativa" que ele detectava como central em Leonardo da Vinci?

Não é de se estranhar: a prosa de Valéry, assim como a sua melhor poesia, tem, por certo, um timbre repetitivo e obcecado. Para ele, os textos jamais são definitivos porque as idéias são experimentos de idéias, ou ídolos, como preferiu dizer Cioran. Mas o "rigor obstinado" (do lema de Leonardo) com que as perseguia, criava os espaços de tensão por onde passavam algumas frases que, instigando o leitor a reconstituí-las identicamente, para utilizar os seus termos, faziam a passagem da prosa à poesia.

Neste sentido, estão para além da compreensão e "se reproduzem em sua forma". Por isso, talvez o melhor Valéry nunca esteja onde se está lendo: cada um dos textos reunidos nesta coletânea faz pensar noutro texto – quem já leu *Tel Quel* vai sempre reler os *Cahiers*, e basta ter lido alguns fragmentos destes últimos para estar sempre relendo Valéry, mesmo se for a primeira vez que se está detendo o olho em qualquer texto desta coletânea.

Desta maneira, teve razão Ítalo Calvino: Paul Valéry teria que estar nas páginas dedicadas à multiplicidade. Daí para o próximo milênio.

6

João Antonio: A Prosa de uma Consciência*

Num trecho de uma das mais doloridas páginas deste livro, no texto "Ajuda-me a Sofrer", o autor, ou antes, a escrita do autor, alude a Dostoiévski, misturando, numa mesma frase, as opções de tradução para o português de um dos maiores romances do novelista russo: é *do convívio com os demônios e os possessos* que João Antonio entende surgir o gosto pela reflexão estética.

* Publicado, como prefácio, ao livro de João Antonio, *Dama do Encantado*, São Paulo, Editora Alexandria, 1996.

Já em outro texto, "Um Leão de Juba Grande", com bastante verve tratando dos fardões utilizados pelos acadêmicos para as suas posses na Academia Brasileira de Letras, em que o foco principal acaba sendo o alfaiate que confecciona as escandalosas indumentárias, surge, logo no início, uma referência a Paul Valéry quando de sua posse na Academia Francesa, embora haja, na crônica, um erro de informação quanto à altura do poeta francês: era famosa a pequena estatura do grande poeta e ensaísta (que pode ser constatada, por exemplo, na fotografia de Marc Allégret, de 1927, em que aparece em pé, junto a André Gide, no Parc des Buttes-Chaumont, e que ilustra o volume de correspondência entre os dois escritores, publicado por Gallimard em 1955).

Começo este prefácio por estas alusões de João Antonio aos dois escritores famosos para acentuar um traço que me parece decisivo no tom destes textos agora reunidos: não importa que a alusão a Dostoiévski seja casual, quase uma armadilha de estilo preparada pela linguagem do autor, quando o fundamental é a admirável meditação sobre a condição do escritor brasileiro que ressuma de suas páginas, embora o núcleo destas meditações não esteja muito distante daqueles tormentos, por entre alegrias de artista, que as circunstâncias do tempo e do espaço vividas pelo escritor russo faziam vibrar as cordas de seus romances, em que as personagens discutem sem cessar, num processo de dilaceramento e angústia que, talvez, tenha atingido o seu ápice precisamente no livro dos anos 70 do século passado, *Os Demônios*. (Diga-se, entre parêntese, que, nestes mesmos anos de 70, Dostoiévski dava largo curso à suas meditações, impregnadas de angústia com a existência de escritor por entre o tumultuado quadro histórico-social da Rússia de seu tempo, nas páginas do que chamou de *Diário de um Escritor*, e que eram crônicas e pequenos textos de ficção publicados em jornal que se resumia à colaboração do autor de *Crime e Castigo*.) Por isso mesmo, se fizermos nós mesmos tais relações, a alusão deixa de ser tão casual quanto parece, na medida em que o trabalho com a escrita, por assim dizer, arrancou lá do fundo da consciência literária de João Antonio a frase de possíveis nomeações do romance.

Do mesmo modo, no outro texto, o erro de informação sobre a altura de Paul Valéry desaparece sob a espantosa lucidez com que o autor, utilizando as armas da ironia e mesmo do sarcasmo ferino, desmonta o cenário ridículo de uma literatura oficializada através de fardões e chapéus de três bicos, em que até mesmo o alfaiate é oficializado, chamando a atenção para a singularidade, mais próxima ao gosto popular, da maneira de comportar-se de Ariano Suassuna quando de sua posse na Academia. É uma espécie, embora seja muito mais do que isso, de vingança perpetrada pelo leitor e admirador de Lima Barreto contra a instituição que, por várias vezes, recusou receber o grande prosador negro do Brasil.

O que parece comum aos dois textos, e o que vai estar presente na maioria dos escritos desta antologia, é, por um lado, o desafogo com que João Antonio trata da matéria propriamente literária, que são as obras e os autores consumidos pela experiência de leitor sem preocupações sistemáticas, e, por outro lado, uma certa irritabilidade para com o nosso sistema literário que, este sim, sistematicamente, marginaliza a contribuição literária, para não dizer intelectual.

Passa, por isso, pela antologia, um certo veio de testemunho, em que as lembranças pessoais se misturam aos projetos literários, escritores e obras, a paixão pelo futebol, cantores e boêmios, ruas e cidades, populações marginalizadas pelo desarvorado sistema econômico-social do atraso, esboçando uma mitologia pessoal feita de esperanças e escombros.

Daí vem uma outra observação importante para a leitura deste livro: tudo *é* e *não é* literatura, quer dizer, não há hierarquia estabelecida entre os objetos que constituem a matéria literária de João Antonio, mas, ao mesmo tempo, ou por isso mesmo, tudo pode servir como matéria para a expressão literária. Reparando-se melhor verifica-se que mesmo aquilo que é pensado como literário, isto é, alguns autores e suas obras que são resgatados pelo escritor, é percebido por um ângulo de identificação com aqueles temas não-literários de outras crônicas. É o ângulo de João Antonio: a voz narrativa que organiza, interpreta e dá coerência às passagens entre autores, obras e temas.

Neste sentido, a objetividade alcançada em alguns textos (leia-se, como exemplo, *Pingentes*), num movimento de grande eficácia dialética, é antes decorrente de uma intensa subjetividade do que de uma vontade de narração objetiva.

Não é, por isso, sem razão que a coletânea começa por páginas de memórias. O texto "Meus Tempos de Menino", ao mesmo tempo que recupera liricamente um espaço e um tempo de marcada subjetividade, e não poderia ser diferente na medida em que a experiência pessoal da infância é intransferível, serve também como maneira de exibir para o leitor uma espécie de certidão de origens, familiares e de classe social, pela qual João Antonio é, por assim dizer, autorizado a abrir os caminhos pelos quais vai, em seguida, estabelecendo o roteiro de sua existência de escritor de ficção e jornalista.

Há, por isso, uma equação muito bem elaborada entre a ciência de subir ladeira e pegar bonde andando, andar de tamancos ou pés no chão, sabendo agora, no presente da narrativa, que se experimentava uma pobreza não envergonhada, e o cumprimento de "O! Batuta!" que traduzia a confiança na camaradagem.

Deste modo, a subjetividade que se expressa pela nomeação de parentes e amigos, lugares preferidos, passeios pelo Morro da Geada e pequenos incidentes, ganha objetividade na construção de uma pequena sociedade que vai, no futuro, repercutir nas escolhas literárias do escritor e mesmo no uso da linguagem que vai ser a sua (como não sentir no cumprimento transcrito um eco daquele modo de falar que será a marca dos contos que farão parte, mais tarde, de *Malagueta, Perus e Bacanaço?*).

Por outro lado, este aprendizado com a linguagem será fundamental também para a escrita jornalística de João Antonio que, agora forçando a nota de objetividade própria do gênero, não se demite das incursões subjetivas na elaboração de tipos e situações, como está, por exemplo, quer na paciente reconstrução que faz da presença brasileira de Aracy de Almeida, a *Dama do Encantado*, sabendo articular as relações entre a vivência suburbana do Rio de Janeiro e a notoriedade nacional da cantora, usando até a técnica de transcrição de diálogos das entrevistas jornalísticas, quer na notável crônica em que a figura de Joubert de Carvalho ganha corpo e alma na elaboração da famosa canção em que a cidade de Maringá é nomeada numa intuição de gênio pelo compositor. Vale a pena transcrever o trecho de "Joubert-Maringá" em que João Antonio narra o surgimento simultâneo da canção e do nome da cidade:

> Começa num ônibus, como quem não quer nada, prosaica, no Rio, pois, em 30, ele encontra um amigo, Jaime Távora, secretário de um ministro tão poderoso e capaz, escritor de talento, havia quem dissesse que o paraibano tinha piso e peso para se sentar na cadeira presidencial, supinamente, José Américo de Almeida, da *Bagaceira*, sim, e, no ônibus, Joubert foi convidado para ir a uma festa à noite, o ministro ia gostar, apreciava suas músicas que corriam mundo e me bateu uma timidez orgulhosa, qu'eu disse, brincando: "ele que vá à minha casa" e no dia seguinte, eram outros tempos, o ministro telefonou querendo saber se podia ir à sua casa com seus oficiais de gabinete e foi. Outro

Rio... Ficaram cantando até a madrugada e o poeta ganhou coragem e lhe iluminou a idéia, pedir com jeito, pra ser nomeado médico do instituto dos marítimos e no outro dia, o ministro era homem de bem, honrava as falas e disse que era obrigação do governo recente amparar os valores das artes e apresentou o compositor a Alencastro Guimarães, presidente do instituto e fez-se a nomeação; ninguém pensava na tal música e foi quando veio Rui Carneiro, depois senador, sugeriu que Joubert fizesse uma composição sobre o nordeste calcinado e penando miséria, pois, ele era oficial de gabinete do ministro que gramava com um problema grave dos graves, a seca e naquele momento, de estalo, Joubert viu o invisível ou viu o que a ele só era visível. A música latejou à sua frente, clara e pronta, dançando na cabeça, embalando, criada, e perguntou a Rui Carneiro de onde era José Américo, era de Areias, já nas serras da Paraíba. Não gostou. Areias não era musical, achou o poeta, e quis saber onde Rui tinha nascido – Pombal – e, daí, ô Rio antigo, os versos correram pelos dedos, vieram crescidos, dolentes, sem cautela, cheios, lavor fino. Nasceram feitos:

Antigamente
Uma alegria sem igual
Dominava aquela gente
Da cidade de Pombal.
Mas veio a seca
Toda a chuva foi-se embora
Só restando então as águas
Dos meus olhos quando chora

êpa, jorrou! Mas não tudo. Tinha mais mágica no fundo do baú e mais carne debaixo do angu, que em toda história sempre entra uma mulher e, na seqüência, pensei, tenho que botar uma Maria aqui, porque a vida sem Maria... mas ela vai embora, deixando um caboclo apaixonado, e de onde seria Maria? Joubert perguntou a Rui onde a seca castigava mais tirana e ele disse vários municípios, o de Ingá, inclusive. Aí, baixa a iluminação de estalo e o poeta pensa em Maria do Ingá e cortei, deu Maringá.

O nome da cidade e os versos famosos da canção estavam prontos. Quem não lembra? Por exemplo:

Maringá, Maringá,
Depois que tu partiste
Tudo aqui ficou tão triste
Que eu 'garrei a imaginá
Maringá, Maringá,
Pra haver felicidade
É preciso que a saudade
Vá bater noutro lugar.

É de se ter observado de que modo a objetividade da narrativa é atenuada pelo uso indiscreto do discurso direto da personagem por entre as formulações, por assim dizer, épicas da voz do narrador, conferindo ao conjunto uma grande densidade de realismo ficcional, por onde a técnica jornalística sai ganhando em informações complementares próprias da ficção.

Da mesma maneira, a objetividade de análise atingida em *Pingentes*, quando a caracterização dos passageiros que viajam nos trens da Central do Brasil do subúrbio para o centro da cidade vai, aos poucos, sendo transformada em imensa e comovida metáfora para falar de toda uma enorme população de marginalizados pelo estúpido desenvolvimento de um progresso desnorteado, é intensificada precisamente pela presença de diálogos (como ocorre naqueles travados com o português de botequim), ou de trechos de discurso indireto livre, em que o ficcionista João Antonio assume as rédeas da narrativa em explosões de incoformismo e revolta. Eis um exemplo do procedimento referido:

> Enquanto o trem [que] para na estação Pedro II não vem, passageiros com seus pacotes, sacolas e maletas de trabalho – de *trampo*, como eles dizem – usam o próprio leito do trem para passar de uma plataforma a outra. Evita-se, por preguiça ou por pressa, subir a escadaria a esta hora lotada que comunica as várias plataformas. Encurta-se caminho arriscando-se a vida.
>
> Antonio Mendes, que atende no balcão de um dos barzinhos da estação sabe, como todos, que aquilo é mais do que um risco, é um índice, uma marca do passageiro da Central do Brasil.
>
> – Olhe aí. Depois, tem que haver desastre e morte, não é? Agora não é nada. Vai ver quando o trem chegar. Tem gente que sobe e que desce pelas janelas, tem gente que viaja em cima do vagão, tem gente que vem sentada na

janela e a maioria vem urrando. Na porta do trem, como pingentes, então, já é uma tradição, ainda mais os garotos e a estudantada. Não há diabo que consiga evitar isso. O trem pode passar vazio que tem gente na porta.

Antônio Mendes não sabe. No acesso da ditadura militar proibiu-se a palavra *vagão*. Só se permitiu a outra, *composição*. *Vagão* lembra transporte de gado. Proibiu-se também a palavra *povo*. Acharam, os donos do poder, que *povo* tem conotação comunista. Permite-se o uso da palavra *população*. Deve-se também evitar a expressão *vermelho*. Afinal, os comunistas são vermelhos. Procure-se um sinônimo, por exemplo, *encarnado*. Mas *encarnado* é expressão pouco usada nos subúrbios da Central e assim no resto do sul do país. *Encarnado* é usado no Nordeste. Coisas.

Bem. Mas ao lado de Antônio Mendes, um maltrapilho, sapato cambaio, dentes cariados, sacolinha jogada nas costas, rosto cavado, um garoto de uns doze anos fuma debochadamente. E, incisivo:

– E lá na sua terra, em Portugal, como é que o pessoal anda de trem?

Antônio, português, pára de servir o café:

– Nunca ando de trem, que não sou maluco. Nem lá na minha terra. Não me chamo Joaquim e não moro em Niterói.

Sendo assim, através de uma sábia combinação de dados fatuais e inserções de técnica ficcional, João Antonio consegue transformar aquilo que era apenas nomeação para os despossuídos passageiros da Zona

Norte em ampla metáfora para tudo o que significa existência marginalizada por entre as contradições de uma sociedade sem resquício de racionalidade, muito menos de conforto urbano.

Uma sociedade de *pingentes* que, aos poucos, vai se revelando ao leitor como enorme contingente: aquilo que, ironicamente, seria enfeite, penduricalho, conforme a significação original da palavra, assume um amplo campo semântico para traduzir um universo de miséria cada vez maior. Um universo translúcido para quem, como o autor, busca a sua nomeação por entre as mentiras confortáveis da Zona Sul. Uma lucidez que resulta, como já se insinuou, de uma íntima relação entre a sensibilidade para com a marginalização social e a técnica narrativa adequada para a sua expressão.

Por um lado, é a empatia que vai permitir a existência daqueles textos sobre futebol, "Almas da Galera" e "Garrincha Impossível", e, por outro, é o aprendizado propriamente literário que se revela nos cinco textos da coletânea em que são convocados escritores que constituem, por assim dizer, o cânone de João Antonio: "Fera", recriação notável da presença de Nelson Rodrigues na cultura do país, "Encantador e Lúcido João do Rio", "Antes que o Poeta Fizesse Oitenta Anos", anotações sobre Mário Quintana, "Dalton Exporta a Lua Pálida dos Vampiros" e "O Romancista com Alma de Bandido Tímido", sobre Lima Barreto.

Entre empatia social e astúcia técnica, corre solta a linguagem de João Antonio na apreensão daqueles aspectos da realidade que somente o amadurecimento literário e humano vai permitindo. É claro, no entanto, que ambas as conquistas de desenvolvimento são simultâneas. Por isso, a escolha isolada dos autores pouco significa: o que importa é antes o que João Antonio consegue ler em cada um deles. Melhor ainda: o que João Antonio pode dizer *através* deles. Não se procure, por isso, nesses textos, uma crítica no sentido rigoroso da expressão. São, sem dúvida, avaliações, mas resultantes de uma admiração anterior que encontra o seu fundamento no encontro de uma empatia social semelhante àquela que orienta as escolhas.

Neste sentido, é exemplar o texto "Fera": entranhando-se no universo de Nelson Rodrigues, cujo nome não surge sequer uma vez no texto, João Antonio convoca tudo o que foi o dramaturgo, quer em sua múltipla obra, quer na lembrança dos colegas jornalistas, quer nas variadas repercussões de suas maneiras desabusadas de ser, quer nas expressões grotescas com que designava aspectos diversos da vida nacional. A própria estrutura do texto sugere a ausência de distanciamento: transformado em personagem (quase se diria: de si mesmo?), Nelson Rodrigues é, por assim dizer, devolvido ao ambiente de sua própria linguagem. Mas João Antonio sabe fugir à circularidade: esta volta é, sobretudo, uma abertura para a crítica feroz da condição brasileira, na medida em que o autor de *Vestido de Noiva*, por sob a capa do livre atirador que disparava sarcasmo em todas as direções, conservava um veio de complicado moralismo e de ética a que respondia a elaboração disfarçada de suas obras.

Neste sentido, pode-se dizer que João Antonio aprende com o dramaturgo não somente um modo de dizer, que ele faz seu na recuperação da figura de Nelson Rodrigues, mas ainda um modo de ser brasileiro num determinado momento de nossa evolução histórico-social.

É o mesmo procedimento que fundamenta os demais textos sobre escritores: seja a existência vertiginosa e localizada de João do Rio, cujo estilo trepidante é correlacionado ao próprio movimento da crônica carioca ou do conto que sabe fisgar os momentos fugazes das relações entre as várias camadas sociais, ou mesmo os modos caricatos da classe endinheirada do fim-do-século, como ocorre nos dois romances mais famosos, *A Correspondência de uma Estação de Cura* e *A Profissão de Jacques Pedreira*, seja na delicada melancolia que extrai de um passeio por Porto Alegre em companhia do poeta Mário Quintana, sabendo destilar o amargo e doce papel do intelectual provinciano que só se desprovincianiza exatamente através do grau de repercussão de sua obra nos centros culturalmente mais fortes, seja, e na mesma direção, embora com uma maior complexidade na criação de um estilo muito pessoal de conto, na anotação do trabalho de resistência pela afirmação do mínimo que João Antonio vê como singularidade da arte de Dalton Trevisan.

Finalmente, tudo parece convergir para as páginas acerca de Lima Barreto. Nenhum escritor é, talvez, mais adequado para aquilo que João Antonio sente e pensa como modelo de relações entre escritor e sociedade no país. Origens, formação tumultuada, estigma de raça, projetos entortados ou aniquilados pelas necessidades imediatas de sobrevivência, uma linguagem de turbilhão buscando representar o *pingente* social brasileiro, tudo em Lima Barreto parece responder, para João Antonio, a uma concepção de literatura em que, se não está ausente a aspiração pelo *fino lavor* (expressão que surge com grande freqüência nos cinco textos sobre escritores), motivo de júbilo secreto se atingida, o dominante é a consciência aguda de sofrimento e angústia que a condição de escritor parece implicar. É este o tema central das páginas de "Ajuda-me a Sofrer", que deixei, de caso pensado, para o fim deste prefácio. É um texto extraordinário: das maiores reflexões sobre a condição do escritor brasileiro que conheço. E isto quer pelo que diz, quer pelo modo com que é dito.

O que diz é muito direto, embora de enorme complexidade: a literatura como busca de uma afirmação da personalidade que se sabe, a todo momento, ameaçada pela desintegração nas múltiplas e diversificadas tarefas e armadilhas do próprio existir e que somente satisfaz na medida em que responde a uma espécie de autenticidade muito difícil de definir e, ainda mais, de atingir, pois ela se dá nos intervalos entre o lúcido e o lúdico, que é a obra de arte da linguagem.

Por outro lado, isto é dito como uma construção que fica entre o diário e a ficção, envolvendo a rotina e, ao mesmo tempo, as surpresas do cotidiano, incluindo as buscas em correspondências velhas que possam esclarecer motivos de realização ou justificativas de decepções. O que mais pega no texto, entretanto, é, para utilizar um termo fotográfico, a *exposição* do escritor que, sem estar num camâra escura, queima ante os olhos comovidos do leitor. Sendo assim, o sofrimento de que diz o texto é também, ou sobretudo, a sua própria e dolorida realização.

Deste modo, o seu título pode ser lido de duas maneiras: como uma constatação – a literatura ajuda a sofrer –, ou como um apelo ao leitor para que, como parte da literatura do autor, ajude-o a sofrer.

Quanto a mim, desde o remoto ano de 1963, quando escrevi um artigo de rasgado elogio a seu *Malagueta, Perus e Bacanaço*, estou, e quero continuar, ajudando.

7

Paul Valéry e a Tradução de *Monsieur Teste**

Não será exagero afirmar que o problema da tradução percorre, de ponta a ponta, a obra de Paul Valéry. Sem desprezar aquilo que se acha, por assim dizer, metaforizado em vários ensaios críticos e mesmo em obras de criação poética, é no texto que escreveu, como prefácio, para a tradução das *Bucólicas*, de Virgílio, intitulado "Variations sur les Bucoliques", onde se encontram as suas mais luminosas reflexões sobre o tema.

* Publicado como posfácio a Paul Valéry, *Monsieur Teste*, tradução de Cristina Murachco, São Paulo, Editora Ática, 1997.

De fato, entre 1942 e 1944, no ambiente pesado e sinistro de Paris sob a ocupação alemã, por entre as aulas semanais de *Poétique*, no Collège de France, trabalhando ainda na composição daquele que seria o seu último poema, "L'Ange", Valéry dedicava-se à transposição, verso a verso, da poesia virgiliana que, numa luxuosa edição bilíngüe, comporia o volume publicado pela sociedade de bibliófilos "Scripta et Picta", cujo presidente, o Dr. A. Roudinesco, foi quem se encarregou de solicitar a tradução ao poeta, em verdadeiros diálogos de convencimento e de que ele mesmo dá notícia na preciosa "Introdução" para o volume, somente aparecido em 1955, numa edição limitada a 245 exemplares e contendo 44 ilustrações de Jacques Villon.

Era uma árdua tarefa e, desde o início, como está quer nos diálogos com Roudinesco, transcritos por este na "Introdução", quer nas *Variations* escritas por Valéry, duas condições foram estabelecidas para a realização do trabalho: seria antes uma transposição do que uma tradução literal, como sugere o próprio Roudinesco, eliminando-se, deste modo, a rima e optando-se pelos versos brancos, e, por outro lado, o hexâmetro latino encontraria o seu correspondente no alexandrino francês. Esta última exigência poética, na medida em que recusava a tradução em prosa do texto de Virgílio, hábito a que Valéry se refere com relação aos clássicos em geral, condenando a deformação exercida pelo ensino tradicional, ("Ce sont des préparations anatomiques, des oiseaux morts. Que sais-je! Parfois l'absurde à l'état libre, pullule sur ces cadavres déplorables, que l'Enseignement multiplie, et dont il prétend mourrir ce qu'on nomme les 'Études'. Il met en prose comme on met en bière") tal exigência propunha uma operação de linguagem capaz de, pela poesia, tornar possível uma leitura poética de Virgílio em francês (e Roudinesco a isto vai se referir depois da leitura que fez da tradução da primeira *Bucólica*: "c'était un enchantement, on croyait entendre Virgile parler en vers français"), fugindo à tentação da obediência estrita ao sentido que, para Valéry, não é senão "une manière de trahison". E ele acrescenta: "Que d'ouvrages de poésie réduits en prose, c'est-à-dire à leur substance significative, n'existent littéralement plus!"

E, em seguida, num texto de razões iluminadoras:

> C'est que les plus beaux vers du monde sont insignifiants ou insensés, une fois rompu leur mouvement harmonique et altérée leur substance sonore, qui se développe dans leur temps propre de propagation mesurée, et qu'ils sont substitués par une expression sans

nécessité musicale intrinsèque et sans résonance. J'irai même jusqu'à dire que plus une oeuvre d'apparence poétique survit à sa mise en prose et garde une valeur certaine après cet attentat, moins elle est d'un poète. Un poème, au sens moderne (c'est-à-dire paraissant après une longue évolution et différenciation des fonctions du discours) doit créer l'illusion d'une composition indissoluble de *son* et de *sens*, quoiqu'il n'existe aucune relation rationelle entre ces constituants du langage, qui sont joints mot par mot dans notre mémoire, c'est-à-dire par le hasard, pour être à la disposition du besoin, autre effet du hasard.

Na verdade, para Valéry toda a questão estava em criar aquela harmonia que somente a fingida indissolubilidade entre som e sentido podia instaurar: traduzir o verso latino virgiliano significava, antes de mais nada, obrigar o leitor a sentir na língua francesa de que maneira a significação do verso era dependente dos recursos sonoros extraídos do sistema lingüístico, estabelecendo-se, deste modo, uma relação de necessidade para além da lógica da linguagem. Uma lógica poética ou, para utilizar uma expressão de que o poeta se apropriou desde as suas iniciais reflexões sobre Leonrado da Vinci, uma *analógica*.

Mas isto não se dava sem que o poeta se inserisse ele mesmo na tradição moderna da poesia, cujas origens e filiações ele apontou no magistral ensaio que escreveu sobre Baudelaire: "Situation de Baudelaire". Uma tradição de dependência estrita entre a poesia e a reflexão crítica, desdobramento coerente daquela consciência poética que foi marca registrada do romantismo, sobretudo o anglo-germânico, e que ressurgiria, com toda a força, numa certa poética simbolista que T. S. Eliot assinalou em outro ensaio magistral: "From Poe to Valéry".

De fato, por aqui passam algumas daquelas idéias que cortam vertiginosamente, como reverberações diamantinas, quer aquele que é o seu primeiro ensaio crítico conhecido, precisamente uma leitura das teorias de Edgar Poe, intitulado "Sur la téchnique littéraire", de 1889, quer aquele texto de sua maturidade, escrito nos anos 30, "Poésie et pensée abstraite". E estas idéias orbitam, sobretudo, em torno das cambiantes relações e sinuosas transferências entre a sensibilidade e a inteligência e de que modo o poema suspende, num átimo de apreensão, as incongruências, as divergências de natureza e cria uma outra ordem de relações, que é o intervalo da arte.

Por tudo isso, podia escrever, ainda dentro do campo de suas variações sobre a obra de Virgílio, num texto de enorme generalização acerca das relações entre o fazer poético e a tradução:

> *Écrire quoi que ce soit*, aussitôt que l'acte d'écrire exige de la réflexion, et n'est pas l'inscription machinale et sans arrêts d'une parole intérieure toute spontanée, est un travail de traduction exactement comparable à celui qui opère la transmutation d'un texte d'une langue dans une autre. C'est que, dans le domaine d'existence d'une même langue, dont chacun satisfait à des conditions du moment et de circonstance, notre interlocuteur, nos intentions simples ou complexes, le loisir ou la hâte, et le reste, modifient notre discours. Nous avons un langage pour nous-mêmes, dont les autres manières de parler s'ecartent plus ou moins; un langage pour nos familiers; un pour le commerce général; un pour la tribune; il y en a un pour l'amour; un pour la colère; un pour le commandement et un pour la prière; il y en a un pour la poésie et un de prose, sinon plusieurs encore dans chacune; et tout ceci dans le même vocabulaire (mais plus ou moins restreint ou étendu, selon le cas) et sous la même syntaxe.

Estas últimas afirmações coincidem com aquilo que está dito nos derradeiros parágrafos de "Poésie et pensée abstraite":

> [...] entre todas as artes, a nossa [a poesia-JAB] é talvez aquela que coordena o máximo de partes ou de fatores

> independentes: o som, o sentido, o real e o imaginário, a lógica, a sintaxe e a dupla invenção do fundo e da forma... e tudo isto por intermédio deste meio essencialmente prático, perpetuamente alterado, contaminado, exercendo todas as transações, a *linguagem comum*, da qual, para nós, se trata de extrair uma Voz pura, ideal, capaz de comunicar sem fraquezas, sem esforço aparente, sem contrariar o ouvido e sem romper a esfera instantânea do universo poético, uma idéia de algum *eu* [moi] maravilhosamente superior a *Mim* [Moi][1].

Deste modo, a tradução poética é tarefa que, para Paul Valéry, recupera o próprio trajeto da criação: em numerosos trechos de suas "Variations sur les Bucoliques", é explícito o desejo de reconstruir não apenas a linguagem poética de Virgílio mas de incorporar à tradução tudo aquilo que representou o próprio ato de execução de linguagem do poeta latino, envolvendo o seu tempo e o seu espaço, num trabalho ininterrupto de interpretação crítica das circunstâncias experimentadas pelo poeta.

Identificado poeta e tradutor, sob a ótica de uma concepção da linguagem poética que insiste naquilo a

1. Uso a distinção de tradução de *moi* entre *eu* e *mim* de acordo com a notável tradução do poema "La Jeune Parque" do poeta realizada por Augusto de Campos e que se encontra em seu livro *Linguaviagem*, São Paulo, Companhia das Letras, 1987.

que o próprio Valéry chamava de "hesitação prolongada entre o som e o sentido", pode ele, então, anotar:

> O poeta é uma espécie singular de tradutor que traduz o discurso usual, modificado por uma emoção, em "linguagem dos deuses"; e seu trabalho interno consiste menos em procurar palavras para suas idéias do que procurar idéias para suas palavras e seus ritmos predominantes.

Não é preciso ir muito longe na tradução de Virgílio por Valéry para logo se ter um exemplo da operação prática desta colaboração entre poeta e tradutor.

Já na primeira fala de Melibeu, em seu diálogo com Títiro, é possível sentir de que modo a cena campestre e os motivos do refúgio estão entrelaçados no Virgílio francês de Valéry, seja no nível da escolha vocabular na passagem de uma língua a outra, seja no ritmo conseguido pela maior distensão do alongamento sintático do alexandrino francês em face do hexâmetro virgiliano:

Tytyre, tu patulae recubans sub tegmine fagi
Tityre, tandis qu'à l'aise sous le hêtre,
Silvestrem tenui musam meditaris avena;
Tu cherches sur ta flûte un petit air champêtre,
Nos patriae fines et dulcia linquimus arva;
Nous, nous abandonnons le doux terroir natal,

Nos patriam fugimus; tu, Tityre, lentus in umbra
Nous fuyons la patrie, et toi, tranquille à l'ombre,
Formosam resonare doces Amaryllida silvas
Tu fais chanter au bois le nom d'Amaryllis.

(Em português, pode-se ler assim, na tradução de Péricles Eugênio da Silva Ramos:

Ó Títiro, deitado à sombra de uma vasta faia,
aplicas-te à silvestre musa com uma frauta leve;
nós o solo da pátria e os doces campos nós deixamos;
nós a pátria fugimos; tu, na sombra vagaroso,
fazes a selva ecoar o nome de Amarílis bela.)

Entre a tranqüilidade campestre de Títiro e a inquietude de Melibeu, entre os ares harmoniosos da flauta e os sombrios do exílio, a cena construída por Virgílio, por intermédio do latim retesado das orações desataviadas, é recuperada pelas imaginosas construções valeryanas que, ao mesmo tempo, traduzem e interpretam o espaço virgiliano, instaurando síncopes de grande efeito metafórico, como aquele que está, por exemplo, na versão do segundo verso em que o "ar campestre" de toda a cena é como que uma nota musical extraída do som da flauta do pastor.

Deste modo, sem ceder à tentação do sentido literal, a tradução de Valéry opera a reconstrução de um sentido mais amplo, de tensão estrutural, cavando fundo nas relações possíveis de uma harmonia de conjunto, apontando para aquela totalidade do poema sobre a qual ele medita nas *Variations*:

> Je m'assurais que la pensée n'est qu'accessoire en poésie, et que le principal d'une oeuvre en vers, que l'emploi même du vers proclame, c'est le *tout*, la puissance résultante des effets composés de tous les attributs du langage.

Eis aí, portanto, algumas idéias sobre a tradução poética e sobre a íntima relação entre o poeta e o tradutor, tais como elas podem ser colhidas de uma tradução de Paul Valéry.

Escolhi o caminho de resenhá-las, como preâmbulo ao prefácio da tradução de *Monsieur Teste* por Cristina Murachco, para, sobretudo, indicar o nível de complexidade com que o poeta encarava o trabalho de tradução. E se o texto agora traduzido não é um poema, objeto privilegiado das meditações de Valéry, o próprio poeta, no entanto, adverte, nas linhas finais do "Prefácio", escrito para a segunda edição inglesa da obra, para as dificuldades eventuais de uma tradução:

O texto sujeito a essas condições muito particulares (o autor refere-se, sobretudo, ao que está dito logo anteriormente sobre "o uso, quando não a criação, de uma linguagem forçada, por vêzes energicamente abstrata" – JAB) certamente não é de leitura muito fácil no original. Tanto mais ele deve apresentar a quem quiser passá-lo para uma língua estrangeira dificuldades quase que insuperáveis.

Por outro lado, creio que esta idéia da dificuldade, que se vincula, para o próprio poeta, à da abstração da linguagem, é possivelmente uma das chaves mais importantes de leitura do texto e se encontra nas origens do pensamento de Valéry e, portanto, nas origens de *Monsieur Teste*.

De fato, estas coincidem com outras duas e fazem parte do mesmo projeto pessoal na formação de seu pensamento: o texto sobre Leonardo da Vinci, "Introdução ao Método de Leonardo da Vinci", o primeiro de uma série que haveria de escrever sobre o gênio italiano, e as notas iniciais dos *Cahiers* que seriam o seu trabalho ininterrupto até às vésperas da morte em 1945.

Na verdade, juntamente com os poemas que publicou em pequenas revistas nos inícios dos anos 90 e que seriam depois reunidos no volume *Album de vers anciens*, somente publicado em 1920, os textos mencionados foram escritos entre 1894 e 1896, embora já no fim da década anterior houvesse escrito aquele ensaio de leitura de Edgar Poe e que é o seu primeiro texto crítico conhecido.

O que hoje é o livro *Monsieur Teste*, tal como ele agora é traduzido e publicado, pela primeira vez no Brasil, compreendendo dez textos (incluindo-se o "Prefácio") a que o próprio Valéry chamou de *Cycle Teste*, embora a sua configuração final só tenha ocorrido após a sua morte, com a publicação, em 1946, do volume pela Gallimard, tem uma história bibliográfica acidentada e que é narrada nas notas aos vários textos, no segundo volume da edição Gallimard/Pléiade das obras do poeta, de 1960.

Só para exemplificar, basta lembrar que o texto inicial, "La soirée avec Monsieur Teste", o mais famoso de todos eles, foi publicado na revista *Le Centaure*, de cujo corpo editorial faziam parte os seus amigos de mocidade André Gide e Pierre Louÿs, em 1896, e o segundo, "Lettre de Madame Émilie Teste", na revista *Commerce*, em 1924, num lapso temporal de quase trinta anos, o que ocorre também com a "Lettre d'un ami", publicada na mesma revista e no mesmo ano.

Os acidentes da bibliografia, no entanto, não são apenas temporais, mas incluem a própria maneira de composição dos textos. Assim, por exemplo, o terceiro, "Extraits du log-book de Monsieur Teste", sai direto das anotações de Valéry para os seus *Cahiers*: na cobertura para as primeiras páginas, intituladas "Journal de Bord", pode-se ler abaixo, no lado direito: *1894. Pré-Teste. Bath*. Da mesma maneira, trechos que poderiam ser anexados ao *Cycle Teste* foram sendo dispersados pela obra de Valéry, como é o caso evidente, por exemplo, do "Journal d'Emma, nièce de Monsieur Teste", incluído como um dos capítulos de suas *Histoires Brisées*, obra póstuma publicada em 1950.

Na verdade, o volume de *Monsieur Teste* preparado por Valéry incluía os quatro textos referidos ("La soirée avec Monsieur Teste", "Lettre de Madame Émilie Teste", "Extraits du log-book de Monsieur Teste" e "Lettre d'un ami") mais o prefácio à segunda edição inglesa de 1925, conforme, aliás, está dito na nota que precede os outros cinco textos que hoje constituem o livro (o texto "Dialogue" não vem separado na edição Gallimard referida, embora assim ocorra na edição Pléiade):

> Paul Valéry reunira, antes de sua morte, um conjunto de notas e de rascunhos para usá-los numa nova edição de Monsieur Teste. Os fragmentos que se seguem, e

que pertencem a épocas muito diversas, foram escolhidos nesse conjunto.

Para além da curiosidade, entretanto, o que estes acidentes bibliográficos dizem é de grande interesse para uma leitura da obra e se vincula, sobretudo, àquele exercício de abstração enérgica a que se refere o próprio poeta no "Prefácio".

Por um lado, é possível dizer que, assim como as duas outras obras que tiveram origem no período inicial de sua formação, o *Cycle Teste* é infindável: tanto a presença recorrente de Leonardo quanto a obsessiva escritura dos *Cahiers*, os textos que compõem o *Cycle*, mais do que uma fixação pela linguagem apontam para uma procura de iluminação por entre os fragmentos dispersos de uma inteligência ansiosa por elucidar as relações que tecem uma certa maneira de conhecer e estar no mundo e, por isso, jamais terminam.

Por outro lado, Edmond Teste não é uma personagem que exista apenas no espaço da ficção narrativa: certamente contaminado quer pela leitura intensa que, na época, fazia de Huysmans, quer pela dedicação com que estudava as criações de Poe, a personagem de Valéry transcende aquele espaço na medida em que seus gestos, seus hábitos, suas falas, suas maneiras de ser, enfim, são explorados no vértice de uma epistemologia que o autor expandia em uma poética.

Mais uma convergência com relação aos dois outros textos: assim como em Leonardo da Vinci o que procurava era antes o modo pelo qual a imagem do artista poderia ser incorporada a seu próprio desejo de construir um método de conhecimento ("Nous pensons qu'il a pensé, et nous pouvons retrouver entre ses oeuvres cette pensée que lui vient de nous: nous pouvons refaire cette pensée à l'image de la nôtre"), assim como nas anotações para os *Cahiers* é antes uma busca obsessiva das possibilidades do seu pensamento fundar o conhecimento pessoal por entre os fragmentos estilhaçados das mais diversas ciências e filosofias do que a revelação da personalidade do poeta, assim Teste descreve, em seu texto, isto é, no texto de Valéry em que sempre está presente um narrador que *diz* a respeito de Teste, com a exceção óbvia daqueles que são transcrições de diário ou idéias da própria personagem, a parábola da inteligência que recusa a facilidade de qualquer mimese de comportamento. O que, evidentemente, não significa negar a Valéry a capacidade de armar um texto realista na melhor tradição de Flaubert.

Neste sentido, a frase com que se abre o livro (*A Tolice não É Meu Forte*) faz, de certa maneira, repercutir aquela tradição, sobretudo se pensarmos na forte e devastadora sátira ao conhecimento que se encontra em *Bouvard et Pecuché* ou mesmo no delicioso *Dicctionnaire des idées réçues* (este, aliás também traduzido por Cristina Murachco e publicado pela Editora Nova Alexandria).

A fuga à tolice, a recusa ao fácil e ao automático das falas e dos gestos sociais, aquilo que o próprio Teste chamará de *morte da marionete*, é o que, por assim dizer, torna abstrato a personagem e, portanto, a linguagem com que ele é designado.

Filho de *estranhos excessos de consciência de mim*, como registra Valéry no *Prefácio*, *engendrado* [...] *num quarto onde Augusto Comte passou seus primeiros anos* [...], há, na personagem uma nota antipositivista, uma combinação esdrúxula de cartesianismo (que vai estar explícito na epígrafe da *Soirée)* e psicologismo *fin-de-siècle* contaminando o narrador com ele identificado e transformado em escrivão de suas singularidades. Ou o contrário: a personagem Teste servindo ao narrador para configurar aquilo que, num dado momento de sua existência, não era senão busca de intensidade reflexiva. Como está dito, ainda no "Prefácio":

> Eu fazia então o que podia para aumentar um pouco a duração de alguns pensamentos. Tudo o que me era fácil era indiferente e quase inimigo. Eu pensava que a sensação do esforço devia ser buscada, e não me agradavam os resultados felizes que não são nada além de frutos naturais de nossas virtudes nativas. Isto significa que os resultados em geral – e por conseguinte, as *obras* – importavam muito menos do que a energia do trabalhador, – substância das coisas que ele espera.

Neste sentido, o encontro com a personagem e sua caracterização, que é a matéria da *Soirée*, se, por um lado, obedece a uma esquematização realista que sucede alguns trechos de autodefinição do narrador, por outro, no entanto, acentua os traços de solipsismo do próprio narrador, fazendo com que a personagem seja uma espécie de duplo especulativo ou aquilo que uma ensaísta inglesa, Elizabeth Sewell, chamou de *mind in the mirror*. Eis o encontro com Teste:

> Eu começava a não pensar mais nisso [e aqui o narrador está se referindo, sobretudo, à existência daqueles homens cujo poder está precisamente na recusa à notoriedade fácil e decorrente de erro essencial em responder àquilo que se espera deles – JAB] quando conheci Monsieur Teste. (Penso agora nos rastros que um homem deixa no pequeno espaço em que se move todo dia). Antes de me tornar amigo de Monsieur Teste, sentia-me atraído por seu modo

de ser particular. Estudei seus olhos, suas roupas, suas menores palavras surdas dirigidas ao garçom do café em que o via. Perguntava-me se ele se sentia observado. Desviava vivamente meu olhar do seu, para em seguida surpreender o dele que me seguia. Eu pegava os jornais que ele acabara de ler, recomeçava os gestos sóbrios que lhe escapavam; notava que ninguém prestava atenção nele.

A partir deste primeiro encontro, seguem-se outros, entremeados de informações dispersas sobre Teste ("vivia de medíocres operações semanais na Bolsa", "fazia suas refeições num pequeno restaurante da rue Vivienne", "devia ter quarenta anos") ou mais detalhadas e precisas sobre a sua aparência e seus modos:

> Suas palavras eram extraordinariamente rápidas, e sua voz surda. Tudo nele era apagado; os olhos, as mãos. Contudo, tinha ombros militares, e seu passo era de uma regularidade que surpreendia. Quando falava, não erguia nunca um braço ou um dedo: *ele matara a marionete*. Não sorria, não dizia bom-dia nem boa-noite; parecia não ouvir o "Como vai?"

O fundamental desses encontros está, todavia, na atitude de intérprete do narrador que, tal as personagens detetivescas de Edgar Poe, vai juntando elementos para uma definição do pensamento de Teste que, entretanto, não chega a se concretizar para o leitor, dele sobrando apenas estilhaços luminosos que permitem tanto ao leitor quanto ao próprio narrador sonhar com uma superação de leis do espírito conhecidas e que estão encapsuladas na busca incessante do próprio espírito que as incorpora. Diz o narrador:

> De tanto pensar, acabei acreditando que Monsieur Teste havia chegado a descobrir leis do espírito que nós ignoramos. Com certeza devia ter dedicado anos a essa procura: com mais certeza, outros anos, e ainda muitos anos, haviam sido usados para amadurecer suas invenções e transformá-las em instintos. Encontrar não é nada. Difícil é acrescentar-nos o que encontramos.

Eis o essencial: segundo a interpretação do narrador, a transformação de idéias originais em instinto, operando a rasura entre o que é apreendido do exterior e aquilo que passa a fazer parte da própria interioridade, seria a marca mais saliente da inteligência de Teste, permitindo-lhe optar pela dificuldade em oposição ao automatismo do fácil e do mesmo. É o próprio Teste quem dirá em seguida:

> Aprecio em todas as coisas apenas a *facilidade* ou a *dificuldade* em conhecê-las, em realizá-las. Dedico um cuidado extremo a medir esses graus, e em não amarrar-

me... E o que me importa aquilo que eu conheço muito bem?

Não obstante o cuidado em ler os mínimos movimentos do pensamento de Teste, buscando localizar-se no ponto zero de suas formações, o narrador, intérprete e *voyeur* obsessivo, deixa sempre escapar aquilo que poderia ser uma definição de totalidade: a representação é sempre menor do que a realidade, sobretudo por se tratar do que há de cambiante nas relações que constituem uma personalidade que se procura apreender como *personagem de fantasia*, tal como é designado Monsieur Teste por Paul Valéry, logo na primeira frase do "Prefácio".

Certos dias posso revê-lo com muita nitidez. Ele se apresenta à minha lembrança, ao meu lado. Respiro a fumaça de nossos charutos, escuto-o, *desconfio*. Às vezes, a leitura de um jornal me faz bater com seu pensamento, quando um acontecimento agora o justifica. E procuro, mais uma vez, algumas das experiências ilusórias que me deleitavam na época de nossas noitadas. Quer dizer que o imagino fazendo o que não o vi fazer. O que acontece com Monsieur Teste quando está doente? Apaixonado, como raciocina? Pode ficar triste? De que teria medo? O que o faz tremer?... Eu procurava. Guardava inteira a imagem do homem rigoroso, tentava fazê-lo responder às minhas perguntas... Ela se alterava.

Ele ama, sofre, se aborrece. Todo mundo se imita. Mas, ao suspiro, ao gemido elementar, quero que ele mescle as regras e as figuras de todo o seu espírito.

Deste modo, aquilo que escapa, e que poderia ser o elemento que viesse completar e tornar acessível a personagem, é precisamente o que a faria mais palatável à imitação, por assim dizer, humana: por não *mesclar* as *suas* regras e figuras do espírito à forma de comportamento dos *outros*, Teste se conserva no nível da figura, seja mesmo de uma retórica cujas regras ele apenas compartilha com quem procura decifrá-las, leitor e narrador, metamorfoseados em intérpretes e *voyeurs*. Por isso, a apreensão de Teste, enquanto personagem, atravessa o texto numa sucessão de decepções realistas. E nem mesmo os espaços "reais" da ficção, como o teatro ou o apartamento de Teste, diminuem a sensação: a narrativa das experiências de Teste encarrega-se de abstrair a banalidade das situações.

No primeiro caso, no teatro, o que sobressai é a intensidade com que, por entre a multidão extasiada pela música, o sentido de individualidade de Teste mais se exaspera, ao mesmo tempo que se torna mais rarefeita. Leia-se o belo trecho que segue a experiência compartilhada da música:

Uma música tocava-nos todos, abundava, depois foi diminuindo. Sumiu. Monsieur Teste murmurava: "Só somos *belos*, só somos extraordinários para os outros! *Eles* são devorados pelos outros!" A última palavra ressaltou no silêncio que a orquestra fazia. Teste respirou. Seu rosto incendiado onde se juntavam calor e cor, seus ombros largos, seu semblante negro colorido pelas luzes, a forma de todo seu bloco vestido, sustentado pela grossa coluna, fizeram-me voltar à consciência. Ele não perdia um átomo de tudo o que se tornava sensível, a cada instante, naquela grandeza vermelho e ouro.

Eu olhava para aquele crânio que desposava os ângulos do capitel, aquela mão direita que se refrescava nos dourados; e, na sombra púrpura, os grandes pés. Das profundezas da sala, seus olhos vieram a mim; sua boca disse: "A disciplina não é ruim... É um pequeno começo..." Eu não sabia responder. Ele disse com sua voz baixa e rápida: "Que se deleitem e que obedeçam!"

Mas o narrador, embora desnorteado pela aparente ausência de relação entre o que sentia movido pela música e pelo ambiente e as palavras ditas por Teste, insiste em atrair a personagem ao nível da *normalidade*:

Contudo [...], como subtrair-se a uma música tão poderosa! E por quê? Encontro nela uma embriaguez particular, devo desdenhá-la? Encontro nela a ilusão de um trabalho imenso que, de repente, se tornaria possível para mim... Ela provoca em mim *sensações abstratas*, imagens deliciosas de tudo o que amo – da mudança, do movimento, da mistura, do fluxo, da transformação... Negais que existam coisas anestésicas? Árvores que embriagam, homens que dão força, mulheres que paralisam, céus que calam a voz?

As palavras de resposta de Teste não apenas configuram mais intensamente o seu famoso solipsismo, como ainda acentuam, como decorrência, a sua escolha pela *dificuldade*, afastando-o, mais uma vez, de uma representação mimética:

Ah! Meu senhor! Que me importa o "talento" de vossas árvores – e dos outros!... Estou COMIGO, falo a minha língua, odeio as coisas extraordinárias. É uma necessidade dos espíritos fracos. Acredite em mim, palavra por palavra: o gênio é *fácil*, a *divindidade* é *fácil*... Quero dizer simplesmente – que sei como funcionam. É *fácil*.

O espaço seguinte é o do apartamento de Teste, cuja descrição pelo narrador, pêndulo realista de sua prosa, marca, por contraste, a sigularidade da personagem, na medida em que o que surpreende é exatamente a sua vulgaridade. É o que se lê em seguida:

Estávamos à sua porta. Pediu-me que viesse fumar um charuto em sua casa.

No alto da casa, entramos num apartamento "decorado" muito pequeno. Não vi nenhum livro. Nada indicava o trabalho tradicional sobre uma mesa, debaixo de uma lâmpada, em meio a papéis e penas. No quarto esverdeado, com cheiro de menta, só havia, em torno da vela, o tedioso mobiliário abstrato – a cama, o relógio, o armário-espelho, duas poltronas –, como abstrações. Sobre a chaminé, alguns jornais, uma dúzia de cartões de visita cobertos de números, e um vidro de farmácia. Nunca tive tão fortemente a impressão de *qualquer*. Era o domicílio qualquer, análogo ao ponto qualquer dos teoremas – e talvez tivesse a mesma utilidade. Meu anfitrião morava no interior mais geral. Eu pensava nas horas que passava naquela poltrona. Tive medo da infinita tristeza possível naquele lugar puro e banal.

O que segue, no entanto, não é banal, embora seja triste: Monsieur Teste, depois de despir-se com tranqüilidade e beber o seu frasco de remédio, ingressa na região que precede o sono, não sem antes fazer uma série de reflexões sobre aquilo que está entre o sono, o sonho, a dor e a morte, sentindo o seu corpo à medida que ele se liberta da vigília.

Ainda não é, todavia, o fim de Monsieur Teste. Entre este recolhimento ao sono e o fim, matéria do último texto deste livro, estão aqueles que dele dão notícia e o interpretam.

A começar pela "Lettre de Madame Émilie Teste", o aparecimento de outros narradores que se dedicam ao deciframento das complexidades que envolvem o pensamento e a própria existência de Monsieur Teste é fundamental para que o leitor, possivelmente desorientado por aquelas complexidades, tenha a oportunidade de acrescentar novos dados a seu trabalho de interpretação.

Neste sentido, o ângulo assumido pela narradora da "Lettre" é o de fixar aquilo que em Teste é, sobretudo, a tensão entre a natureza abstrata da personagem e o concreto de suas relações familiares, sobressaindo o modo pelo qual Monsieur Teste se representa pela percepção de quem, como Émilie Teste, não foge à experiência da *bêtise* como parte constituinte da própria existência e uma das primeiras impressões registradas sobre o marido logo revela este direcionamento:

> Ele é duro como um anjo, caro senhor. Não percebe sua força: diz palavras inesperadas que são demasiado verdadeiras, que acabam com as pessoas, despertam-nas em plena tolice, frente a elas mesmas, completamente surpresas de serem o que são, e de viverem tão naturalmente de bobagens. Vivemos muito bem, cada um em seu absurdo, como peixes dentro d'água, e só percebemos acidentalmente tudo o que contém de tolice a existência de uma pessoa razoável. Nunca pensamos que o que pensamos esconde de nós o que somos.

Caracterizado como anjo, entretanto, Monsieur Teste, do ângulo da narradora, só se completa pela revelação de outro componente: uma doçura inesperada, contraparte de sua *dureza*, que a esposa interpreta como parte essencial daquilo que, em Monsieur Teste, mais lhe atrai, ou seja, a *incerteza de seu humor*.

> De fato, ele é duro, às vezes; mas em outros momentos, exibe uma deliciosa e surpreendente doçura, que parece vir dos céus. Seu sorriso é um presente misterioso e irresistível, e sua rara gentileza é uma rosa de inverno.

São estas contradições que, para Émilie Teste, constituem a singularidade do esposo e é notável como ela examina os seus efeitos sobre os outros que a cercam: as amigas, que não podem entender o convívio com um homem cuja *reputação de esquisitices as choca e escandaliza*, e em oposição às quais busca entender a espécie de amor que funda as suas relações com Monsieur Teste, ou o senhor abade que tem *uma espécie de simpatia piedosa por uma mente tão única*, com quem discute a qualidade satânica ou divina de uma tal mente.

No primeiro caso, ao tratar da qualidade do amor que é o de Monsieur Teste, a narradora enfatiza o traço, por assim dizer, *natural* e, por isso, para ela, mais completo do que aquele demonstrado pelos maridos de suas amigas, em que nota a permanência da rotina e do hábito:

> Mas, caro senhor, quando ele volta para mim da profundidade! Parece me descobrir como uma terra nova! Apareço para ele como desconhecida, nova, necessária. Ele me toma cegamente em seus braços, como se eu fosse um rochedo de vida e de presença real, em que esse grande gênio incomensurável bateria, que tocaria, que repentinamente agarraria, após tantos desumanos silêncios monstruosos! Ele cai sobre mim como se eu fosse a própria terra. Ele acorda em mim, encontra-se em mim, que felicidade!

Mas esta *naturalidade* do amor só é possível porque, para Monsieur Teste, Émilie é parte integrante daquele mundo de *bêtise* do qual ele não participa enquanto em pleno domínio das leis misteriosas de seu espírito. E isto é registrado por ela: "Monsieur Teste, aliás, pensa que o amor consiste em *duas pessoas poderem ser tolas juntas* – todo licença de tolice e de bestialidade".

No segundo caso, as expressões com que o senhor abade busca explicar a natureza de Monsieur Teste, onde sobressai a anotação da ausência, na personagem, de duas das virtudes teologais (caridade e esperança), revelam em que medida, a par da crítica ao pensamento positivista de seu tempo que se infere de alguns trechos da *Soirée*, aqui o que se expõe é a dificuldade da religião para explicar as operações do espírito, desde que apenas preocupada com a dicotomia entre o bem e o mal. Diz o abade:

> Ele se abstrai horrivelmente do bem [...] mas felizmente abstrai-se do mal... Há nele não sei que *pureza* assustadora, que distanciamento, que força e que luz incontestáveis. Nunca observei tal ausência de distúrbios e de dúvidas numa inteligência trabalhada com grande profundidade. Ele é terrivelmente tranqüilo! Não se pode atribuir-lhe nenhum desconforto da alma, nenhuma sombra interior – e nada, aliás, que derive dos instintos de medo ou de cobiça... Mas nada que se oriente para a Caridade.

Mais adiante, surgirá a anotação de ausência de esperança que, feita por Émilie Teste, decorre da argumentação teológica extraída de suas conversações com o abade:

> Mas falta horrivelmente para esta recomposição de meu coração ardente e de sua fé, sua essência, que é *esperança*... Não há um só grão de esperança em toda a substância de Monsieur Teste; e é por isso que sinto um certo mal-estar nesse exercício do seu poder.

Entre a "Lettre de Madame Émilie Teste" e a "Lettre d'un ami", invenção de narradores que se esforçam para a compreensão da personagem, estão as anotações de diário do próprio Monsieur Teste, pequenos textos que, como já foi assinalado, parecem sair dos *Cahiers* do próprio Paul Valéry, através dos quais o leitor entra, pela primeira vez neste livro, em contato imediato com as operações do espírito da personagem.

Mais uma vez, não espere o leitor que a leitura dessas anotações possa significar o deciframento da complexa personagem: o melhor é entregar-se ao prazer do texto, sabendo apreciar o que há de conciso e preciso nos enunciados, ao mesmo tempo que, por entre as frases sentenciosas e os paradoxos, desdobra-se uma mente que não apenas reflete mas que *se reflete* na linguagem, buscando a contrapartida da *bêtise* em trechos de enorme iluminação. Eis dois exemplos:

> Caro senhor, sois perfeitamente "desinteressante" – Mas vosso esqueleto não – nem vosso fígado, nem vosso próprio cérebro. – E nem vosso olhar tolo e nem esses olhos atrasados – e todas as vossas idéias. Ah, seu eu pudesse conhecer o mecanismo de um tolo!

• • •

Não sou feito para os romances ou para os dramas. Suas grandes cenas, iras, paixões, momentos trágicos, longe de me exaltar chegam a mim como miseráveis lascas, como estados rudimentares onde todas as tolices escapam, onde o ser se simplifica até a estupidez; e ele se afoga ao invés de nadar nas circunstâncias da água.

• • •

A minha anotação preferida, no entanto, é aquela onde Teste antecipa aquilo que será uma das *idéias fixas* do próprio Valéry e que vai determinar tanto a pequena extensão de sua obra propriamente poética, quanto a intensidade de elaboração que dedicou a alguns textos, como é, sobretudo, os casos de "La Jeune Parque" e de "Le Cimetière Marin". Refiro-me ao trecho seguinte:

Talvez ele tivesse chegado a esse estranho estado de só conseguir enxergar sua própria decisão ou resposta interior como um expediente, sabendo que o desenvolvimento de sua atenção seria infinito e que a *idéia de acabar* não tem mais nenhum sentido num espírito que se conhece bem. Ele se encontrava no grau de *civilização interior* em que a consciência não suporta mais opiniões sem acompanhá-las de seu séquito de modalidades e que só descansa (se isto pode ser descansar) com o sentimento de seus prodígios, de seus exercícios, de suas substituições, de suas precisões inumeráveis.

Está aí já formulada aquela obsessão com o processo de composição, e não apenas com os resultados, que são os textos acabados, e que tanto incomodará a um leitor tão constante e atento de Valéry quanto T. S. Eliot, levando-o a fazer uma séria restrição (a meu ver injusta) à concepção valeryana de poesia, ao afirmar:

> Ele está profundamente preocupado com o problema do processo, de como é feito o poema, mas não com a questão de como é relacionado ao resto da vida, de tal maneira que possa dar ao leitor o choque de sentimento que o poema foi para ele, não apenas uma experiência, mas uma séria experiência[2].

Deixando de lado o traço, por assim dizer, moralizante que há, sem dúvida, na restrição de Eliot, a idéia de *não acabar*, se entendida como aquele trabalho que poderia continuar para além do cansaço ou da fé religiosa, como observou de modo notável Jorge Luis Borges, é essencial para a percepção de grande parte da obra poética de Valéry e um dos melhores exemplos disso está nas reflexões que escreveu sobre a composi-

2. T. S. Eliot, "Introduction", em Paul Valéry, *The Art of Poetry*, Translated from the French by Denise Folliot, New York, Vintage Books,1961, p. XXIII.

ção de seu poema "Le Cimetière Marin", cujas modificações seriam intermináveis não fosse o poema lhe arrancado das mãos por um editor de revista[3].

Este mesmo sentido do trabalho espiritual como tarefa infindável está na base de composição do próprio *Cycle Teste:* os textos que o compõem não fazem senão reiterar o modo pelo qual Monsieur Teste vai armando as suas indagações e preparando as interpretações daqueles que buscam decifrá-las, narradores e leitores arrastados pelas perplexidades sucessivas, acrescentando aqui e ali mais um dado de compreensão.

No texto seguinte, "Lettre d'un ami", o último do livro tal como ele foi organizado por Valéry, como já se disse, há um exemplo de um desses dados novos e de fundamental importância para a leitura de todo o livro.

Esta carta, escrita durante uma viagem de trem a Paris, além de acrescentar informações reiterativas sobre Monsieur Teste, contém, entre outras coisas, uma imagem que será, anos mais tarde, utilizada quase que

3. Refiro-me ao texto "Au sujet du Cimetière marin" que hoje pode ser lido em português em Paul Valéry, *Variedades*, trad. de Maiza Martins de Siqueira, São Paulo, Iluminuras,1991, pp. 169-176.

literalmente no ensaio-conferência de 1939, já citado, e intitulado "Poésie et pensée abstraite", e referente à qualidade de transparência da linguagem comum em oposição à resistência oferecida pelo grau de consciência que se introduz na utilização poética da linguagem. A imagem referida é a seguinte:

> Cheguei, infelizmente, a comparar estas palavras com as quais atravessamos com tanta agilidade o espaço de um pensamento, a leves tábuas lançadas por sobre um abismo, que suportam a passagem, mas não agüentam a demora. O homem em movimento rápido as usa e escapa; mas na menor insistência, esse pouco tempo as rompe e tudo se perde nas profundezas. Aquele que se apressa *entendeu*; não se deve pesar: perceberíamos logo que os mais claros discursos são tecidos com termos obscuros.

A imagem das *leves tábuas lançadas sobre um abismo* ressurge no ensaio-conferência a fim de marcar a maior ou menor densidade da palavra em suas várias utilizações:

> Cada palavra, cada uma das palavras que nos permitem atravessar tão rapidamente o espaço de um pensamento e acompanhar o impulso da idéia que constrói, por si mesma, sua expressão, parece-me uma destas pranchas leves que jogamos sobre uma vala ou sobre uma fenda na montanha e que suportam a passagem de um

homem em movimento rápido. Mas que ele passe sem pesar, que passe sem se deter – e, principalmente, que não se divirta dançando sobre a prancha fina para testar a resistência!... A ponte frágil imediatamente oscila ou rompe-se, e tudo se vai nas profundezas. Consultem sua experiência; e constatarão que só compreendemos os outros, e que só compreendemos a nós mesmos, graças à *velocidade de nossa passagem pelas palavras*. Não se deve de forma alguma oprimi-las, sob risco de se ver o discurso mais claro decompor-se em enigmas, em ilusões mais ou menos eruditas.

Deste modo, assim como no *Monsieur Teste*, a imagem é criada para marcar a dificuldade de passar entre usos da linguagem: se no ensaio de 1939 o que se procurava era a passagem entre *poesia e pensamento abstrato*, no texto da "Lettre d'un ami" a busca se faz em torno da palavra *intelectual*:

Assim, estava eu dentro de meu próprio abismo – que por ser meu não deixava de ser abismo –, assim estava eu dentro de meu próprio abismo, incapaz de explicar a uma criança, a um selvagem, a um arcanjo – a mim mesmo, esta palavra: *Intelectual*, que não causa nenhum problema a quem quer que seja.

Não eram as imagens que me faltavam. Mas, ao contrário, a cada consulta de meu espírito em busca dessa terrível palavra, o oráculo respondia com uma imagem diferente. Eram todas ingênuas. Nenhuma exatamente anulava a sensação de não entender.

Vinham-me nesgas de sonho.

Eu formava figuras que chamava de "intelectuais". Homens quase imóveis que causavam grandes movimentos no mundo. Ou homens muito animados, cujas vivas ações das mãos e das bocas manifestavam potências imperceptíveis e objetos essencialmente invisíveis. [...].

Homens de *pensamento*, Homens de *letras*, Homens de *ciência, Artistas* – Causas, causas vivas, causas individuais, causas mínimas, causas que continham causas e inexplicáveis para elas mesmas –, e causas cujos efeitos eram tão vãos, mas ao mesmo tempo tão prodigiosamente importantes, *que eu desejava isto*... O universo dessas causas e de seus efeitos existia e não existia. Esse sistema de atos estranhos, de produções e de prodígios possuía a realidade todo-poderosa e nula de um jogo de cartas. Inspirações, meditações, obras, glórias, talentos, dependia de um certo olhar que tais coisas fossem quase tudo, e de certo outro que fossem reduzidas a quase nada.

Em seguida, numa luz apocalíptica, pensei entrever a desordem e a fermentação de toda uma sociedade de demônios. Surgiu, num espaço sobrenatural, uma espécie de comédia das coisas que acontecem na História.

A última frase aponta para a origem, em *Monsieur Teste*, daquilo que será uma constante em toda a obra de Valéry: a invenção de uma *Comédia Intelectual*, que ele, em vários textos posteriores, via como sucedânea da *Divina* e da *Humana*, e que teria, como capítulos essenciais, os textos sobre Leonardo da Vinci, aqueles sobre Descartes e encontraria o seu coroamento com os *Cahiers*, *work-in-progress* de toda a sua existência.

Na verdade, os quatro últimos textos deste livro, fragmentos colhidos pela posteridade, são bem a indicação de continuidade: seja no "Passeio com Monsieur Teste", onde as observações de exterior são, por assim dizer, consumidas, pelo "Diálogo" que é, de fato, mais consigo mesmo do que com um narrador-interlocutor, seja na conferência "Para um Retrato de Monsieur Teste", em que o essencial é que "não existe uma imagem certa de Monsieur Teste", quando se diz que "uma das idéias fixas de Teste, e não a menos quimérica, foi a de querer conservar a arte – *Ars* – ao mesmo tempo em que exterminava as ilusões de artista e de autor", seja na retomada do diário de idéias em "Alguns Pensamentos de Monsieur Teste", seja, por último em "Fim de Monsieur Teste", todos os textos apontam para aquela obsessão com o *não acabar* de uma linguagem cujo alvo é antes a intensidade especulativa do que o resultado tranqüilo de uma *obra*.

Vindo de Flaubert, de Huysmans ou de Poe, mas sem que se esqueça a figuração do homem agônico da sociedade burguesa que está em Dostoiévski, por exemplo, e que, mais tarde, estará em Musil, em Kafka, em

Thomas Mann, Joyce ou no Bernardo Soares de Fernando Pessoa, o Monsieur Teste de Valéry é, sem dúvida, um capítulo central daquela *Comédia Intelectual* tão sonhada e acalentada por seu criador.

Lidos neste contexto amplo, os capítulos deste livro sugerem uma continuidade de leitura que está para além do "Fim de Monsieur Teste": uma continuidade que tem a ver, sobretudo, com a própria noção de literatura, seus poderes de representação e suas infinitas razões para a melancolia.

III

Outros no Caderno

1

REEDIÇÃO DE UM JOVEM CRÍTICO*

I

Não é exagero afirmar que, a partir de 1870, constituiu-se o que se pode chamar de mentalidade nacional, abrindo caminho para as transformações que iriam orientar a vida do país nos mais diversos setores.

Culminando com a República, no campo político, era, todavia, um amplo e variado elenco de novos pro-

* Texto publicado, como resenha do livro de Rocha Lima, na *Revista do Instituto de Estudos Brasileiros*, da USP, n. 7, 1969.

jetos que ainda precisariam ser discutidos e afirmados por mais de vinte anos, a par de modificações substanciais nas estruturas econômica e social – resistentes, como não podiam deixar de ser, às conseqüências mais objetivas e materiais daquele "bando de idéias novas" que, segundo Sílvio Romero, "esvoaçou sobre todos nós de todos os pontos do horizonte".

No mesmo texto em que assim caracteriza o momento por ele datado entre 1868 e 1878, numa quase marcação autobiográfica em que à sua evolução intelectual juntava a precedência da Escola do Recife, informa-nos quais aquelas idéias:

> Positivismo, diz ele, evolucionismo, darwinismo, crítica religiosa, naturalismo, cientificismo na poesia e no romance, folclore, novos processos de crítica e de história literária, transformação da intuição do direito e da política, tudo então se agitou e o brado de alarma partiu da Escola do Recife ("Explicacões Indispensáveis" em Tobias Barreto, *Vários Escriptos*, Edição do Estado de Sergipe, 1926, p. XXVII).

Na verdade, somente a partir da década de 70 é que o movimento deixaria de ser localista, girando em torno de Tobias Barreto e da Escola do Recife, para se transformar numa espécie de atmosfera respirada por todo o país. É que alguns acontecimentos (questão religiosa, manifesto republicano, guerra franco-prussiana, intensificação do movimento abolicionista) iriam provocar mais vivamente a discussão de seus pressupostos, tirando-os dos Gabinetes e Academias para o debate mais amplo dos jornais e revistas.

É possível dizer, portanto, que, iniciada a década seguinte, o movimento de renovação estava amadurecido e pronto a produzir as obras pelas quais tecera as armas da polêmica destruidora contra um passado imperial e romântico, ainda bem recente.

Assim, por exemplo, um dos órgãos em que melhor se cristalizaram as novas orientações do pensamento nacional – a *Revista Brasileira*, na fase dirigida por Henrique Midosi e Franklin Távora – publicou-se entre 1879 e 1881.

Não há dúvida, entretanto, que fora na década anterior que se processaram as condições necessárias para o *tournant* decisivo do pensamento brasileiro em fins do século XIX.

Todavia, apesar de sua importância para a compreensão e definição da cultura nacional posterior, o momento de 1870, não obstante alguns estudos excelentes sobre ele realizados, principalmente como fundamentos para análises particularizadas, é ainda mediocremente conhecido.

Dentre aqueles, estão textos como os de Hermes Lima sobre Tobias Barreto e de Antonio Candido sobre Sílvio Romero, os quais, embora façam ressaltar elementos de compreensão de forma admiravelmente lúcida, não são, está claro, estudos de conjunto por onde se possa ter o quadro mais ou menos completo das metamorfoses sofridas pela *intelligentsia* brasileira a partir de 1870. Para isto, faltam-nos, sobretudo, dados que resultem de pesquisas regionais, capazes de apontar toda a extensão do surto de "idéias novas".

Não é suficiente o que se possa conhecer da Escola do Recife: é indispensável verificar em que medida as outras Províncias, e a Corte, repercutiram sob o impacto da renovação. Para uma história global do momento de 70, são tão decisivos os argumentos positivistas que serviram de base à transformação da antiga Escola Central do Rio de Janeiro em Politécnica, quanto as pesquisas etnográficas e arqueológicas levadas a efeito no Norte do País.

A linha que une um D. S. Ferreira Pena, no extremo-norte, a um Carlos Koseritz, no extremo-sul, é, talvez, o substrato capaz de definir como "forma de cultura" (no sentido em que, por exemplo, um Ernst

Cassirer usa a expressão para a análise da Ilustração Européia) as transformações brasileiras de idéias catalisadas dos centros europeus e então adaptadas como respostas no estudo das condições locais.

Por isso mesmo, as histórias regionais, ou aquelas sínteses que buscam registrar a complexidade regional brasileira (de que são exemplos a obra do professor Cruz Costa sobre a evolução de nossas idéias e o estudo parcial de Ivan Lins sobre o *Positivismo no Brasil*, para citar apenas dois), são indispensáveis para uma futura compreensão mais rigorosa do momento brasileiro de 1870. No entanto, as dificuldades crescem ainda mais no que diz respeito ao acesso àqueles textos representativos do momento, escritos sob o fogo cruzado dos debates, fontes primárias para o conhecimento da época.

Para não falar em obras que são hoje quase raridades bibliográficas, esgotadas em suas primeiras edições ou de encontro difícil nas edições posteriores, toda a enorme documentação dispersa em periódicos transforma-se, dia a dia, numa remota possibilidade para o investigador futuro. Corre-se o risco daquilo a que o escritor Franklin de Oliveira, em livro recente, chamou, com justeza, de "morte da memória nacional".

II

Por todas essas razões é, sem dúvida, importante a publicação da obra de Raimundo Antônio da Rocha Lima. Por um lado, temos a reedição de um texto desde muito inacessível em suas duas edições anteriores (1878 e 1913) e, por outro, trata-se de uma obra com todas as características para a melhor definição do momento de 70.

Na verdade, aquilo que ocorreu em Fortaleza entre 1872 e 1875, com a criação da chamada Academia Francesa, era uma das mais nítidas demonstrações de como o "novo espírito" (a expressão é de José Veríssimo que, através da *Revista Amazônica*, procurou difundi-lo no Norte do Império) se fazia tema de especulações nas mais diferentes regiões brasileiras.

Tratando da vertente cearense num texto consagrado à evolução da filosofia positiva no Brasil, assim se expressa Clóvis Bevilacqua:

> É desse tempo, no Ceará, a criação do *Fraternidade*, o jornal de maior cabedal científico que, até então, se publicara naquela província, inauguraram-se as conferências da *Escola Popular*, e manifestou-se um gosto bem pronunciado pelos estudos sérios de filosofia e crítica, que fez os espíritos mais valentes unirem seus esforços, numa simpa-

tia mútua, e agremiarem-se no que se chamou então *Academia Francesa*, cujos representantes eram Rocha Lima, França Leite, Mello, Capistrano de Abreu, Araripe Júnior, Pompeu Filho, João Lopes, etc. (*Esboços e Fragmentos*, Rio de Janeiro, Laemmert & Cia., 1899, pp. 81-82).

E, em nota de rodapé, salienta o papel desempenhado por Rocha Lima no grupo provinciano, esclarecendo: "Dentre todos, porém, o mais moço, o mais ousado, emudeceu para sempre, deixando-nos um volume póstumo sob o título de *Crítica e Literatura*".

Tendo morrido aos vinte e três anos (e não aos 27, como erradamente afirma Clóvis Bevilacqua), participara vivamente de tudo o que se fizera de novo na Província. Escrevera para os jornais *Fraternidade* e *Cearense*, reunira o grupo da Academia Francesa em sua própria casa e fora um dos criadores da *Escola Popular*. Estivera, deste modo, no centro mesmo das agitações. Com a sua pouca idade, o jovem cearense mereceria, mais tarde, de Capistrano de Abreu o maior elogio:

A sua obra genuína, diz o grande historiador, aquela pela qual merece um lugar de honra nos fatos nacionais, é a moderna geração do Ceará, forte, corajosa, viril, que, com sua morte, sofre uma perda irreparável ("Prefácio" às edições de 1878 e 1913, reproduzido na 3ª ed., pp. 69-82, e também nos *Ensaios e Estudos / Crítica e História*, 1ª série, Rio de Janeiro, Livraria Briguiet, 1931, pp. 111-123).

Geração, acrescente-se, que ainda haveria de influir, anos depois, na formação de outro importante grupo cearense dos fins do século XIX: a *Padaria Espiritual* (1892-1898), em que sobressaíram, pelo menos, dois grandes ficcionistas: Manoel de Oliveira Paiva e Adolfo Caminha.

Por outro lado, de tudo aquilo que se produziu em Fortaleza sob o influxo das novas idéias, talvez seja a obra de Rocha Lima, a que melhor deixe ver o tipo de preocupações dos intelectuais que, por aquele tempo, lutavam contra o *establishment* nas mais diversas frentes: educação, filosofia, jornalismo, religião, literatura.

Na verdade, é curioso observar, como o fez José Ramos Tinhorão em obra na qual procurou rastrear as vinculações do movimento cearense com a formação da classe média brasileira (em *A Província e o Naturalismo*, Rio de Janeiro, Editora Civilização Brasileira, 1966, 107 pp.), como, aos poucos, alguns dos integrantes da Academia Francesa foram se acomodando aos Gabinetes de Leitura, "fazendo carreira", "ficando sozinho" o nosso Rocha Lima, para morrer pouco depois (v. José Ramos Tinhorão, *op. cit.*, p. 44).

III

Esta terceira edição é, por isso, capital para aqueles que se interessam por essa época de nossa evolução cultural. E, graças aos esforços desenvolvidos pelo organizador, Djacir Menezes, não é uma simples reimpressão das edições anteriores. É, rigorosamente, uma nova edição: não apenas traz o estudo introdutório de Capistrano de Abreu, como ainda um longo ensaio pelo editor sobre o momento cearense de Rocha Lima, notas explicativas aos textos, um ensaio de Rocha Lima que não consta das edições anteriores e oito anexos, incluindo uma cronologia do autor.

O método utilizado por Djacir Menezes para a realização desta edição foi o de consultar os jornais onde originalmente foram estampados os textos, compará-los nas duas edições da obra e, por assim dizer, limpá-los de todos os erros anteriores. O resultado foi ter podido completar algumas páginas estropiadas nas duas primeiras edições (v., por exemplo, p. 177, nota 2), ou mesmo, como ocorreu com o ensaio "Consoladoras", publicado no *Cearense* em 1876, revelar texto disperso de Rocha Lima. Por assim atingir resultados tão estimáveis, é que não se compreende como, por outro lado, o editor tenha, às vezes, economizado informações. É o que acontece, por exemplo, com a publicação do ensaio "A Ortodoxia e o Livre Pensamento", presum]idamente de autoria de Rocha Lima, e sobre o qual Djacir Menezes não mostra ao leitor aquilo que diz ter feito para o registro de autoria (v. p. 345, nota).

De qualquer forma, está o leitor diante da edição mais completa dos estudos do malogrado jovem cearense. E estes são dezessete: "A Mulher", "A Legenda de um Pariá" (sem um bom argumento, o editor conservou a grafia oitocentista do último termo, v. p. 102), "Ainda a Legenda de um Pariá", "Consoladoras", "Théophile Gautier", "O Caráter", "Senhora", "Escola Popular", "O Nosso Jornalismo", "Psyche", "A Nova Poesia Portuguesa", "O Estilo", "Antônio Mendes", "Evolução", "Burocracia", "A Vitória dos Republicanos Franceses" e "Discurso". (Diga-se, entre parênteses, que a carta do Dr. Filgueiras Sobrinho, respondendo ao artigo de Rocha Lima sobre "A Legenda de um Pariá", melhor seria localizada entre os anexos do fim do volume que entre os estudos do crítico, onde se encontra.)

Por estes textos, escritos entre os vinte e os vinte e dois anos, pulsa um escritor informado do que melhor havia em seu tempo. Ainda sem uma orientação e estilo definidos, utilizando-se, às vezes, dos mais surrados lugares-comuns (as "pérolas engastadas no firmamento de nossa literatura" aparecem com freqüência), deixava entrever, no entanto, uma reflexão incessante, um impulso decidido a remover obstáculos e a se firmar como "homem representativo" de seu tempo – para usar de uma expressão emersoniana.

Na mesma época em que Capistrano de Abreu tão lucidamente distinguia os métodos qualitativo e quantitativo na crítica literária (em *A Literatura Brasileira Contemporânea*, conferências realizadas na Escola Popular em 1875 e reproduzidas nos *Ensaios e Estudos*, pp. 61-107), o jovem Rocha Lima adotava critérios taineanos na análise de algumas obras e podia afirmar:

> As flores da arte desabrocham na sociedade segundo a temperatura de seu ambiente e segundo a fertilidade de seu solo (p. 99).

Ou, mais adiante:

> Vê-se que a arte é para a sociedade o que a planta é para o solo e para o clima; sem o concurso de certas condições mesológicas é impossível a vegetação; sem certos antecedentes sociológicos impossível será a arte (p. 101).

Todavia, ao lado de afirmações desta ordem, que poderiam ser tomadas como generalidades próprias do tempo, é possível destacar, aqui e ali, trechos que denotam uma grande acuidade crítica. Leia-se, para exemplo, esta caracterização da multiplicidade dos estilos de Shakespeare:

> Shakespeare, em uma mesma peça, alia uma complexidade de estilos, desde o lírico até o épico, desde o elegíaco até o satírico, desde o estilo edênico até o bordelengo; isto explica-se pela estrutura complexa da alma de seus personagens, pela transformação infinita de suas paixões, pela variedade e veemência de suas emoções e pela inspiração desenfreada de seu gênio (p. 122).

Não obstante o vago das explicações, a caracterização é de quem não se encontrava à margem da obra do grande poeta e, com propriedade, sabia jogar com os conceitos fornecidos pela ciência literária da sua época. É realmente notável como, em tão pouco tempo, Rocha Lima lera e meditara as grandes fontes do pensamento europeu que, por esses anos, mais influíam no Brasil.

De fato, quando, por exemplo, no ensaio sobre o drama *A Legenda de um Pariá*, defende a supremacia do romance sobre os outros gêneros como representativa do "espírito moderno", sabia usar do equilíbrio nas afirmações, ao mesmo tempo que revelava o seu débito para com a crença positivista no progresso indefinido.

> Hoje, diz ele, numa sociedade que vive de tantas idéias, que se nutre de tantos sentimentos, que se agita com tantos problemas, que adeja para tantos ideais, a literatura, como expressão de uma vida tão complicada, deve lançar mão dos gêneros mais amplos e mais flexíveis. De todos os gêneros literários, só o romance preenche estas condições.
>
> Ainda uma vez repetimos que estas observações não importam a extinção completa do drama ou de qualquer forma literária: significam apenas que o romance prepondera na literatura moderna como a balada, o hino, a canção preponderam no berço das civilizações (p. 112).

Finalmente, a parábola descrita por ele como receptor de influências foi desenhada por Clóvis Bevilacqua do seguinte modo:

> Rocha Lima começara um apaixonado de Vacherot, mas, depois, com a leitura de Taine e Buckle, seu espírito preparou-se para receber de braços abertos o positivismo de Comte, que ele, afinal, ia refazendo e completando com as teorias de Spencer (*ob. cit.*, p. 82).

Infelizmente, o tempo foi pouco para este trabalho de progressivo aprimoramento.

Seja como for, a sua é uma obra que se impõe para o conhecimento de toda uma época.

Raimundo Antônio da Rocha Lima não viveu o pouco que lhe foi dado em vão.

2

Sevilha, Objeto de Paixão*

Creio que a maneira mais precisa para compreender o novo livro de João Cabral de Melo Neto, *Sevilha Andando*, é ler com muita atenção o primeiro poema da coletânea, "A Sevilhana que não se Sabia".

Na verdade, desde *Quaderna*, de 1960 (a Espanha de *Paisagens com Figuras*, de 1956, é de outro teor), há uma forte correlação entre a experiência espanhola e a abertura da poesia cabralina para o lirismo

* Texto publicado no Suplemento *Idéias*, do *Jornal do Brasil*, do Rio de Janeiro, em 13 de janeiro de 1990.

amoroso ou mesmo erótico. O que se pode constatar em um poema de *A Educação pela Pedra*, de 1967, "Coisas de Cabeceira, Sevilha", em vários poemas de *Museu de Tudo*, de 1974, principalmente dois, "Retrato de Andaluza" e "Outro Retrato de Andaluza", e, finalmente, em *Agrestes*, de 1985, na segunda parte do livro, *Ainda e Sempre Sevilha*, onde, entre outros, ressalta o poema *Anunciação de Sevilha* que, para o leitor do livro de agora, acaba funcionando como prenunciação. Eis o texto:

1.

Nunca eu vira ninguém andar
com esse passo alerta e vivo,
sabendo levar a cabeça:
andar que atinge o desafio.
Ao conhecer-te, teu andar
anunciava o que eu não sabia:
fiquei tempos suspenso no ar,
até reencontrá-lo em Sevilha.
De quem herdaste tal andar?
É obra do Espírito Santo?
Do bom mau-passo que uma avó
se deixou dar com um cigano?

2.

Nasceste pra ser de Sevilha.
Sevilha em mapa de mulher.
Teu andar faz novas Sevilhas

das Itaperunas que houver.
Faz sem limites o pequeno,
faz, na medida curta e certa
de teu corpo e do de Sevilha:
faz a alma de quem vai à festa.
De ir à festa: é como melhor
posso definir a alma armada
de ambas, que viveis para a festa
que virá do horizonte da alma.

Passa, de fato, por este texto de *Agrestes* o mesmo processo de reconhecimento, em que se misturam a intuição amorosa e a concretização pela vista do andar, que confere ao poema de *Sevilha Andando* o seu teor de espanto: "A Sevilhana que não se Sabia" articula os atributos das várias andaluzas que, sobretudo desde *Quaderna*, habitam o texto cabralino. Se no livro de 1960, entretanto, o erotismo do poema, contaminado, sem dúvida, pela experiência sevilhana (o primeiro texto é o admirável "Estudos para uma Bailadora Andaluza"), concretiza-se de forma variada, seja pela oralidade ("Paisagem pelo Telefone"), seja pelo movimento ("A Mulher e a Casa"), seja pelo tato ("A Palavra Seda"), seja pela vista ("Imitação da Água"), seja pelo paladar ("Jogos Frutais"), em *Sevilha Andando* a dominância é toda do sentido visual, em que o gerúndio do título aponta para a singular concretização daqueles atributos abstratos que configuram a "forma de ser" de Sevilha: aquilo que, em *Quaderna*, era canto, dança, espaços, comportamentos, que a linguagem do poema buscava imitar, para com isso criar a possibilidade de também falar do Nordeste, suas paisagens, seus cemitérios, agora, no livro de agora, encontra a sua difícil e delicada unicidade na mulher, num andar de mulher que, este sim, imita um andar de cidade.

Neste sentido, entre mulher e cidade a distinção é dada apenas pelas duas perspectivas assumidas pelo poeta: na primeira, a mulher traduz a cidade, e isto de um modo tão preciso e inventivo, tão icônico, que qualquer símile seria excessivo, como está dito no terceiro poema do livro, "É de mais o Símile"; a cidade traduz a mulher, ou melhor ainda, os termos que serviram, ou servirão, para o processo tradutório da primeira.

Não se pense, todavia, que esta distinção de perspectivas redunda numa bipartição da linguagem poética: é a linguagem da poesia com tudo o que lhe cabe de subjetividade e busca de objetivação, nos melhores momentos traduzida por intensa erotização dos signos. Eis um exemplo, ainda da primeira parte do livro:

Verão, o centro de Sevilha
se cobre de toldos de lona,
para que a aguda luz sevilha
seja mais amável nas pontas,
e nele possa o sevilhano,
coado o sol cru, ter a sombra
onde conversar de flamenco,
de olivais, de touros, donas,
e encontrar a atmosfera de pátio,
o fresco interior de concha,
todo o aconchego e acolhimento
das praças fêmeas e recônditas.
Comigo tenho agora o abrigo,
a sombra fresca dessas lonas:
eu os reencontrei, esses toldos,
nos lençóis que hoje nos enfronham.

("Verão de Sevilha")

Mas a linguagem que *anda* por Sevilha, estando no avesso daquele linguajar turístico admirativo que é explicitado no texto "Os Turistas", extrai de suas "formas de ser" os elementos com que a paixão pela cidade vai se traduzindo, ou se concretizando, em intensas reverberações sensuais, como no texto "Cidade Cítrica", por exemplo:

Sevilha é um grande fruto cítrico,
quanto mais ácido, mais vivo.

Em geral, as ruas e pátios
arborizam limões amargos.
Mas vem da cal de cores ácidas,
dos palácios como das taipas,
o sentir-se como na estranha
de luminosa, acesa laranja.

Sendo assim, ao imprimir à percepção visual o gosto e o cheiro, numa verdadeira ciranda sensual de correspondências baudelairianas, tudo isso sob o intenso controle de uma minuciosa arquitetura que é tanto da cidade quanto do próprio poema, o poeta resgata para o andar da mulher, ritmo e dança, a forma da paixão pela cidade que é, necessariamente, uma paixão pela forma.

Exemplo notável deste movimento está no poema "A Barcaça", em que um elemento de extração biográfica – a origem recifense – permite a reinvenção de uma palavra para a qual a relação entre objetos bem concretos é feita pela remissão ao elemento feminino que termina por traduzir aquela relação em relação amorosa:

Hoje embarcou numa mulher.
Recifense, ele a chama barcaça,
que é o barco mais feminino,
é mulher feita barco e casa.

Por isso mesmo, é impossível separar as duas partes do livro: o leitor que *anda* por Sevilha é o mesmo que *vê* Sevilha *andando* na mulher que *é* Sevilha.

O domínio da linguagem da poesia permite ao poeta João Cabral, aos setenta anos, estas passagens mágicas: a te(n)são é a mesma dos quarenta anos, quando escreveu *Quaderna*.

Título	Entre Livros
Autor	João Alexandre Barbosa
Produção	Ateliê Editorial
Projeto Gráfico e Composição	Ricardo Campos Assis
Capa	Ana Amália e Jorge Padilha
Formato	12 x 18 cm
Mancha	19 x 31 paicas
Tipologia	Times
Papel de Miolo	Pólen Rustic 85 g
Papel de Capa	Supremo 250 g
Número de Páginas	230
Tiragem	1000
Impressão	Lis Gráfica e Editora